ख़ुदा की क़सम

अनुक्रम

दस रुपये

वह गली के उस नुक्कड़ पर छोटी-छोटी लड़कियों के साथ खेल रही थी और उसकी माँ उसे चाली (बड़ा मकान जिसमें कई मंज़िलें और कई छोटे-छोटे कमरे होते हैं) में ढूँढ़ रही थी। किशोरी को अपनी खोली में बैठा कर और बाहर वाले से काफ़ी मिली चाय लाने के लिए कहकर वह उस चाली की तीनों मंज़िलों में अपनी बेटी को तलाश कर चुकी थी। मगर जाने वह कहाँ मर गयी थी। संडास के पास जा कर भी उसने आवाज़ दी 'ए सुर्तिया–सुर्तिया।' मगर वह तो चाली में थी ही नहीं और जैसा कि उसकी माँ समझ रही थी, अब उसे पेचिश की शिकायत भी नहीं थी। दवा पिये बग़ैर उसको आराम आ चुका था और वह बाहर गली के उस नुक्कड़ पर जहाँ कचरे का ढेर पड़ा रहता है, छोटी-छोटी लड़कियों से खेल रही थी और हर क़िस्म के फ़िक्र-ओ-तरद्दुद से आज़ाद थी।

उसकी माँ बहुत मतफ़क्किर थी। किशोरी अन्दर खोली में बैठा था और जैसा कि उसने कहा था दो सेठ बाहर बड़े बाज़ार में मोटर लिए खड़े थे। लेकिन सुर्तिया कहीं ग़ायब ही हो गयी थी। मोटर वाले सेठ हर रोज़ तो आते नहीं। ये तो किशोरी की मेहरबानी है कि महीने में एक-दो बार मोटी आसामी ले आता है, वरना ऐसे गन्दे महल्ले में जहाँ पान की पीकों और जली हुई बीड़ियों की मिली-जुली बू से किशोरी घबराता है। सेठ लोग कैसे आ सकते हैं। किशोरी चूँकि होशियार है, इसलिए वह किसी आदमी को मकान पर नहीं लाता बल्कि सुर्तिया को कपड़े-वपड़े पहिना कर बाहर ले जाया करता है और उन लोगों से कह दिया करता है कि साहब आज कल ज़माना बड़ा नाज़ुक है। पुलिस के सिपाही हर वक़्त घात में लगे रहते हैं। अब तक दो-सौ धन्धा करने वाली छोकरियाँ पकड़ी जा चुकी हैं। कोर्ट में मेरा भी एक केस चल रहा है इसलिए फूँक-फूँक के क़दम रखना पड़ता है।"

सुर्तिया की माँ को बहुत गुस्सा आ रहा था। जब वह नीचे उतरी तो सीढ़ियों के पास रामदई बैठी बीड़ियों के पते काट रही थी। उससे सुर्तिया की माँ ने पूछा, "तूने सुर्तिया को कहीं देखा है। जाने कहाँ मर गयी है। बस आज मुझे मिल जाये, वह चार चोट की मार दूँ कि बन्द-बन्द ढीला हो जाये–लोठा की लोठा हो गयी है पर सारा दिन लौंडों के साथ कुदकड़े लगाती रहती है।"

रामदई बीड़ियों के पत्ते काटती रही और उसने सुर्तिया की माँ को जवाब न दिया। दरअसल रामदई से सुर्तिया की माँ ने ख़ास तौर पर कुछ पूछा ही नहीं था। वह यूँ ही बड़बड़ाती हुई उसके पास से गुज़र गयी। जैसा कि उसका आम दस्तूर था। हर दूसरे-तीसरे दिन उसे सुर्तिया को ढूँढ़ना पड़ता था और रामदई को जो कि सारा दिन सीढ़ियों के पास पिटारी सामने रखे बीड़ियों पर लाल और सफ़ेद धागे लपेटती रहती थी मुख़ातिब कर के यही अल्फ़ाज़ दोहराया करती थी।

एक और बात वह चाली की औरतों से कहा करती थी। मैं तो अपनी सुर्तिया का किसी बाबू से ब्याह करूँगी—इसीलिए तो उससे कहती हूँ कि कुछ पढ़-लिख ले—

यहाँ पास ही एक स्कूल मुन्सीपाल्टी (म्यूनिसिपैलटी) ने खोला है, सोचती हूँ उसमें सुर्तिया को दाख़िल करा दूँ। बहिन उसके पिता को बड़ा शौक़ था कि मेरी लड़की लिखी-पढ़ी हो...“इसके बाद वह एक लम्बी आह भर कर आम तौर पर अपने मरे हुए शौहर का क़िस्सा छेड़ देती थी जो चाली की हर औरत को ज़बानी याद था। रामदई से अगर आप पूछें कि अच्छा जब सुर्तिया के बाप को जो रेलवई में काम करता था बड़े साहब ने गाली दी तो क्या हुआ रामदई फ़ौरन आपको बता देगी कि सुर्तिया के बाप के मुँह में झाग भर आया और वह साहब से कहने लगा, “मैं तुम्हारा नौकर नहीं हूँ, सरकार का नौकर हूँ। तुम मुझ पर रौब नहीं जमा सकते। देखो अगर गाली दी तो ये दोनों जबड़े हलक़ के अन्दर कर दूँगा।” बस फिर क्या था, साहब ताव में आ गया और उसने एक और गाली सुना दी। इस पर सुर्तिया के बाप ने गुस्से में आ कर साहब की गर्दन पर ऐसी धौल जमायी कि उसका टोप दस गज़ परे जा गिरा और उसको दिन में तारे नज़र आ गये मगर फिर भी वह बड़ा आदमी था। आगे बढ़कर उसने सुर्तिया के बाप के पेट में अपने फ़ौजी बूट से इस ज़ोर की ठोकर मारी कि उसकी तिल्ली फट गयी और वहीं लाइनों के पास गिर कर उसने जान दे दी। सरकार ने साहब पर मुक़दमा चलाया और पूरे पाँच सौ रुपये सुर्तिया की माँ को उससे दिलवाये। मगर क़िस्मत बुरी थी। उसको सट्टा खेलने की चाट पड़ गयी और पाँच महीने के अन्दर-अन्दर सारा रुपया बर्बाद हो गया।

सुर्तिया की माँ की ज़बान पर हर वक़्त ये कहानी जारी रहती थी। लेकिन किसी को यक़ीन न था कि ये सच है या झूठ, चाली में से किसी आदमी को भी सुर्तिया की माँ से हमदर्दी न थी। शायद इसलिए कि वे सब के सब ख़ुद हमदर्दी के क़ाबिल थे। कोई किसी का दोस्त नहीं था। उस बिल्डिंग में अक्सर आदमी ऐसे रहते थे जो दिन को सोते थे और रात को जागते थे, क्योंकि उन्हें रात को पास वाली मिल में काम पर जाना होता था। उस बिल्डिंग में सब आदमी बिलकुल पास-पास रहते थे। लेकिन किसी को एक-दूसरे से दिलचस्पी न थी।

चाली में क़रीब-क़रीब सब लोग जानते थे कि सुर्तिया की माँ अपनी जवान बेटी से पेशा कराती है। लेकिन चूँकि वे किसी के साथ अच्छा-बुरा सूलुक करने के आदी ही न थे, इसलिए सुर्तिया की माँ को कोई झुठलाने की कोशिश न करता था। जब वह कहा करती थी, मेरी बेटी को तो दुनिया की कुछ ख़बर ही नहीं। अलबत्ता एक रोज़ सुबह-सबेरे नल के पास जब तुकाराम ने सुर्तिया को छेड़ा था तो सुर्तिया की माँ बहुत चीख़ी-चिल्लायी थी। "इस मूये गंजे को तू क्यों सँभाल के नहीं रखती। परमात्मा करे दोनों आँखों से अन्धा हो जाये, जिनसे उसने मेरी कुँवारी बेटी की तरफ़ बुरी नज़रों से देखा...सच कहती हूँ एक रोज़ ऐसा फ़साद होगा कि इस तेरी सौगात का मारे जूतों के सिर पिलपिला कर दूँगी...बाहर जो चाहे झक मारे, पर यहाँ इसे भले मानसों की तरह रहना होगा। सुना।"

और ये सुन कर तुकाराम की भैंगी बीवी धोती बाँधते-बाँधते बाहर निकल आयी थी।" ख़बरदार मुई चिड़ैल जो तूने एक लफ्ज़ भी और ज़बान से निकाला...यह तेरी देवी तो होटल के छोकरों से भी आँख-मिचौली खेलती है और तू क्या हम सब को अन्धा समझती है। क्या हम सब जानते नहीं कि तेरे घर में नित नये बाबू किस लिए आते हैं और यह तेरी सुर्तिया आये दिन बन-सँवर कर बाहर क्यों जाती है...बड़ी आयी इज्जत आबरू वाली...जा-जा दफ़ान हो यहाँ से।"

तुकाराम की भैंगी बीवी के मुताल्लिक़ बहुत सी बातें मशहूर थीं। लेकिन ये बात ख़ास तौर पर सब लोगों को मालूम थी कि घासलेट वाला (मिट्टी का तेल बेचने वाला) तेल देने के लिए आता है तो वह उसे अन्दर बुला कर दरवाज़ा बन्द कर लिया करती है। चुनांचे सुर्तिया ने इस ख़ास बात पर बहुत ज़ोर दिया। वह बार-बार नफ़रत भरे लहजे में उससे कहती "और वह तेरा यार घासलेट वाला... दो-दो घण्टे उसे खोली में बैठा कर क्या तू उसका घासलेट सूँघती रहती है?"

तुकाराम की बीवी से सुर्तिया की माँ की बोल-चाल ज़्यादा देर तक बन्द न रही थी, क्योंकि एक रोज़ सुर्तिया की माँ ने रात को अपनी उस पड़ोसन को घुप अँधेरे में किसी से मीठी-मीठी बातें करते पकड़ लिया था और दूसरे ही रोज़ तुकाराम की बीवी ने जब वह रात को पाय धूनी की तरफ़ से आ रही थी। सुर्तिया को एक "जण्टिलमैन आदमी" के साथ मोटर में बैठे देख लिया। चुनांचे उन दोनों का आपस में समझौता हो गया था। इसीलिए सुर्तिया की माँ ने तुकाराम की बीवी से पूछा, "तूने कहीं सुर्तिया को नहीं देखा?"

तुकाराम की बीवी ने भैंगी आँख से गली के नुक्कड़ की तरफ़ देखा, "वहाँ घूरे के पास पनवाड़ी की लौण्डिया से खेल रही है।" फिर उसने आवाज़ धीमी कर के उससे कहा, "अभी-अभी किशोरी ऊपर गया था, क्या तुझ से मिला?"

सुर्तिया की माँ ने इधर-उधर देख कर हौले से कहा, "ऊपर बैठा आयी हूँ, पर यह सुर्तिया हमेशा वक़्त पर कहीं ग़ायब हो जाती है। कुछ सोचती नहीं, कुछ

समझती नहीं, बस दिन भर खेल कूद चाहिए।"

ये कहकर वह घूरे की तरफ़ बढ़ी और जब सीमेंट की बनी हुई मूत्री के पास आयी तो सुर्तिया फ़ौरन उठ खड़ी हुई और उसके चेहरे पर अफ़सुर्दगी के आसार पैदा हो गया। जब उसकी माँ ने ख़श्म आलूद लहज़े में उसका बाज़ू पकड़ कर कहा, "चल घर में चल के मर...तुझे तो सिवाय उछल-कूद के और कोई काम ही नहीं।" फिर रास्ते में उसने हौले से कहा, "किशोरी बड़ी देर से आया बैठा है, एक मोटर वाले सेठ को लाया है...चल तू भाग के ऊपर चल और जल्दी-जल्दी तैयार हो जा...और सुन...वो नीली जारजट की साड़ी पहनियो...और देख ये तेरे बाल भी बहुत बुरी तरह बिखर रहे हैं...तू जल्दी तैयार हो, कंघी मैं कर दूँगी।"

ये सुन कर कि मोटर वाले सेठ आये हैं। सुर्तिया बहुत खुश हुई। उसे सेठ से उतनी दिलचस्पी नहीं थी, जितनी कि मोटर से थी। मोटर की सवारी उसे बहुत पसन्द थी। जब मोटर फ़र्राटे भरती खुली-खुली सड़कों पर चलती और उसके मुँह पर हवा के तमाचे पड़ते तो उसके दिल में एक नाक़ाबिल-ए-बयान मसर्रत उबलना शुरू हो जाती। मोटर में बैठ कर उसको हर शय एक हवाई चक्कर दिखायी देती और समझती कि वह ख़ुद एक बगूला है जो सड़कों पर उड़ता चला जा रहा है।

सुर्तिया की उम्र ज़्यादा से ज़्यादा पन्द्रह बरस की होगी। मगर उसमें बचपना तेरह बरस की लड़कियों का सा था। औरतों से मिलना-जुलना और उनसे बातें करना बिलकुल पसन्द नहीं करती थी। सारा दिन छोटी-छोटी लड़कियों के साथ ऊट-पटाँग खेलों में मसरूफ़ रहती। ऐसा खेल जिनका कोई मतलब ही न हो। मिसाल के तौर पर वह गली के कालक फिरे फ़र्श पर खड़िया मिट्टी से लकीरें खींचने में बहुत दिलचस्पी लेती थी और उस खेल में वह इस इन्हिमाक से मसरूफ़ रहती जैसे सड़क पर ये टेढ़ी-मेढ़ी लकीरें अगर न खींची गयी तो आमद-ओ-रफ़्त बन्द हो जायेगी और फिर खोली से पुराने टाट उठाकर वह अपनी नन्ही-नन्ही सहेलियों के साथ कई-कई घण्टे उनको फुटपाथ पर झटकते, साफ़ करने, बिछाने और उन पर बैठने के ग़ैर दिलचस्प खेल में मशग़ूल रहती थी।

सुर्तिया ख़ूबसूरत नहीं थी। रंग उसका स्याही-माईल गन्दुमी था। बम्बई के मरतूब मौसम के बायस उसके चेहरे की जिल्द हर वक़्त चिकनी रहती थी और पतले-पतले होंटों पर जो चीकू (एक फल जिसका रंग गन्दुमी होता है) के छिलके दिखायी देते थे। हर वक़्त खफ़ीफ़ सी लरज़िश तारी रहती थी। ऊपर के होंट पर पसीने की तीन-चार नन्ही-नन्ही बूँदें हमेशा कँपकँपाती रहती थीं।

उसकी सेहत अच्छी थी। ग़िलाज़त में रहने के बावजूद उसका जिस्म सुडौल और मुतनासिब था। ऐसा मालूम होता था कि उस पर जवानी का हमला बड़ी शिद्दत से हुआ है। जिसने मुख़ालिफ़ कुव्वतों का दबा कर रख दिया है। क़द छोटा

था। जो उसकी तन्दुरुस्ती में इज़ाफ़ा करता था। सड़क पर फुर्ती से इधर-उधर चलते हुए जब उसकी मैली घगरी ऊपर को उठ जाती तो कई राह चलने वाले मर्दों की निगाहें उसकी पिण्डलियों की तरफ़ उठ जाती थीं। जिनमें जवानी के बायस ताज़ा ज़िन्दा की हुई सागौन की लकड़ी जैसी चमक दिखायी देती थी। उन पिण्डलियों पर जो बालों से बिलकुल बे-नियाज़ थीं, मसामों नन्हे-नन्हे निशान देख कर उन सन्तरों के छिलके याद आ जाते थे जिन के छोटे-छोटे ख़लियों में तेज भरा होता है और थोड़े से दबाव पर फ़व्वारे की तरह ऊपर उठकर आँखों में घुस जाया करता है।

सुर्तिया की बाँहें भी सुडौल थीं। कन्धों पर उनकी गोलाई मोटे और बड़े बेढब तरीके पर सिले हुए ब्लाउज़ के बावजूद बाहर झाँकती थी। बाल बड़े घने और लम्बे थे, उनमें से खोपड़े के तेल की बू आती रहती थी। एक मोटे कोड़े के मानिन्द उस की चोटी पीठ को थपकती रहती थी। सुर्तिया अपने बालों की लम्बाई से खुश नहीं थी, क्योंकि खेल-कूद के दौरान में उसकी चोटी उसे बहुत तकलीफ़ दिया करती थी और उसे मुख़्तलिफ़ तरीक़ों से उसको काबू में रखना पड़ा था।

सुर्तिया का दिल-ओ-दिमाग़ हर क़िस्म के फ़िक्र-ओ-तरद्दुद से आज़ाद था। दोनों वक़्त उसे खाने को मिल जाता था। उसकी माँ घर का सब काम काज करती थी। सुबह को सुर्तिया दो बाल्टियाँ पानी से भर कर अन्दर रख देती और शाम को हर रोज़ लैम्प में एक पैसे का तेल भरवा लाती। कई बरसों से वह ये काम बड़ी बाक़ायदगी से कर रही थी। चुनांचे शाम को आदत से बायस ख़ुद ब ख़ुद उसका हाथ उस प्याले की तरफ़ बढ़ता, जिसमें पैसे पड़े रहते थे और लैम्प उठाकर वह नीचे चली जाती।

कभी-कभी यानी महीने में चार-पाँच बार जब किशोरी सेठ लोगों को लाता था तो उनके साथ होटल में या बाहर अँधेरे मक़ामों पर जाने को वह तफ़रीह ख़्याल करती थी। उसने उस बाहर जाने के सिलसिले के दूसरे पहलुओं पर कभी ग़ौर ही नहीं किया था। शायद ये समझती थी कि दूसरी लड़कियों के घर में भी किशोरी जैसे आदमी आते होंगे और उनको सेठ लोगों के साथ बाहर जाना पड़ता होगा और वहाँ रात को वर्ली के ठण्डे-ठण्डे बेंचों पर या जूहू की गीली रेत पर जो कुछ होता है, सब के साथ होता होगा। चुनांचे उसने एक बार अपनी माँ से कहा था, "माँ अब तो शान्ता भी काफ़ी बड़ी हो गयी—उसको भी मेरे साथ भेज दो ना—ये सेठ जो अब आये हैं मुझे अण्डे खाने को दिया करते हैं और शान्ता को अण्डे बहुत भाते हैं।" इस पर उसकी माँ ने बात गोल मोल कर दी थी। "हाँ-हाँ किसी रोज़ उसको भी तुम्हारे साथ भेज दूँगी। उसकी माँ पूने से वापस तो आ जाये।"

और सुर्तिया ने दूसरे रोज़ ही शान्ता को जब वह सण्डास से निकल रही थी ये खुशख़बरी सुनायी थी तेरी माँ पूना से आ जाये तो सब ठीक हो जायेगा। तू भी

मेरे साथ वर्ली जाया करेगी।" और इसके बाद सुर्तिया ने उसको रात की बात कुछ इस तरीक़े पर सुनाना शुरू की थी जैसे उसने एक निहायत ही प्यारा सपना देखा है। शान्ता को जो सुर्तिया से दो बरस छोटी थी ये बातें सुन कर ऐसा लगा था जैसे उसक सारे जिस्म के अन्दर नन्हे-नन्हे घुँघरू बज रहे हैं। सुर्तिया की सब बातें सुन कर भी उसको तसल्ली न हुई थी और उसका बाज़ू खींचकर उसने कहा था, "चल नीचे चलते हैं...वहाँ बातें करेंगे।" और नीचे उस मूत्री के पास जहाँ गिरधारी बनिया ने बहुत से टाटों पर खोपड़ें के मैले टुकड़े सुखाने के लिए डाल रखे थे। वे दोनों देर तक कपकपी पैदा करने वाली बातें करती रही थीं।

उस वक़्त भी जबकि सुर्तिया धोती के पर्दे पीछे नीली जारजट की साड़ी पहिन रही थी। कपड़े के मिस ही से उसके बदन पर गुदगुदी हो रही थी और मोटर की सैर का ख़्याल उसके दिमाग़ में परिन्दों की-सी फड़फड़ाहटें पैदा कर रहा था। अब की बार सेठ कैसा होगा और उसे कहाँ ले जायेगा। ये और इसी क़िस्म के और सवाल उसके दिमाग़ में नहीं आ रहे थे, अलबत्ता जल्दी-जल्दी कपड़े बदलते हुए उसने एक दो बार ये ज़रूर सोचा था कि ऐसा न हो मोटर चले और चन्द ही मिनटों में किसी होटल के दरवाज़े पर ठहर जाये और एक बन्द कमरे में सेठ शराब पीना शुरू कर दें और उसका दम घुटना शुरू हो जाये। उसे होटलों के बन्द कमरे पसन्द नहीं थे, जिनमें आम तौर पर लोहे की दो चारपाइयाँ इस तौर पर बिछी हुई थीं गोया उन पर जी भर के सोने की इजाज़त ही नहीं है।

जल्दी-जल्दी उसने जारजट की साड़ी पहिनी और उसकी शिकनें दुरुस्त करती हुई एक लम्हे के लिए किशोरी के सामने आ खड़ी हुई किशोरी ज़रा देखो--पीछे से साड़ी ठीक है ना?" और जवाब का इन्तिज़ार किये वग़ैर वह लकड़ी के उस टूटे हुए वक्स की तरफ़ बढ़ी, जिसमें उसने जापानी पाउडर और जापानी सुर्ख़ी रखी हुई थी—एक धुँधले आईने को खिड़की की सलाख़ों में अटका कर उसने दोहरी हो कर अपने गालों पर पाउडर मला और सुर्ख़ी लगाकर जब बिलकुल तैयार हो गयी तो मुस्करा कर किशोरी की तरफ़ दाद तलब निगाहों से देखा।

शोख़ रंग की नीली साड़ी में, होंटों पर बड़ी बेतरतीबी से सुर्ख़ी की घड़ी जमाये और साँवले गालों पर प्याज़ी रंग का पाउडर भले वह मिट्टी का एक ऐसा खिलौना मालूम हुई जो दीवाली पर खिलौने बेचने वालों की दुकान में सबसे ज़्यादा नुमाया दिखायी दिया करता है।

इतने में उसकी माँ आ गयी। उसने जल्दी-जल्दी सुर्तिया के बाल दुरुस्त किये और कहा, "देखो बिटिया अच्छी-अच्छी बातें करना—और जो कुछ वह कहे मान लेना—ये सेठ जो आये हैं ना बड़े आदमी हैं। मोटर उनकी अपनी है..."फिर किशोरी से मुख़ातिब हो कर कहा, "अब तू जल्दी से ले जा इसे...बेचारे कब के खड़े राह देख रहें होंगे।"

बाहर बड़े बाज़ार में जहाँ एक कारख़ाने की लम्बी सी दीवार दूर तक चली गयी है। एक पीले रंग की मोटर "यहाँ पेशाब करना मना है" के छोटे से बोर्ड के पहलू में खड़ी थी और मोटर में तीन हैदराबादी नौजवान अपनी-अपनी नाक पर रूमाल रखे किशोरी का इन्तिज़ार कर रहे थे। वे मोटर आगे ले जाते मगर मुसीबत ये है कि दीवार दूर तक चली गयी थी और उसके साथ ही पेशाब का सिलसिला भी। जब गली के मोड़ से उस नौजवान को जो मोटर का हैंडिल थामे बैठा था, किशोरी नज़र आया तो उसने अपने बाक़ी को साथियों से कहा, "लो भई आ गये. ..ये हैं किशोरी...और...और।" उसने मोड़ की तरफ़ निगाहें जमाये रखीं। "और... और...अरे...ये तो बिलकुल ही छोटी लड़की है...जरा तुम भी देखो ना...अरे भई वह...वह नीली साड़ी में।"

जब किशोरी और सुर्तिया दोनों मोटर के पास आ गये तो पिछली सीट पर जो दो नौजवान बैठे थे, उन्होंने दरमियान में से अपने हैट वगैरह उठा लिये और जगह ख़ाली कर दी। किशोरी ने आगे बढ़कर मोटर के पिछले हिस्से का दरवाज़ा खोला और फुर्ती से सुर्तिया को अन्दर दाख़िल कर दिया। दरवाज़ा बन्द कर के किशोरी ने उस नौजवान से जो मोटर का हैंडिल थामे थे, माफ़ कीजियेगा देर हो गयी...ये बाहर अपनी किसी सहेली के पास गयी हुई थी...तो...तो?"

नौजवान ने मुड़कर सुर्तिया की तरफ़ देखा और किशोरी से कहा, "ठीक है... लेकिन देखो" सरक कर मोटर की उस खिड़की में से उसने अपना सिर बाहर निकाला और हौले से किशोरी के कान में कहा...शोर-वोर तो नहीं मचायेगी?"

किशोरी ने उसके जवाब में अपने सीने पर हाथ रख कर कहा "सेठ, आप मुझ पर भरोसा रखिये..."

ये सुन कर उस नौजवान ने जेब में से दो रुपये निकाले और किशोरी के हाथ में थमा दिये। "जाओ ऐश करो।" किशोरी ने सलाम किया और मोटर स्टार्ट हुई।

शाम के पाँच बजे थे। बम्बई के बाज़ारों में गाड़ियों, ट्रामों, बसों और लोगों की आमद-आ-रफ़्त बहुत ज़्यादा थी। सुर्तिया खामोशी से दो आदमियों के बीच में बैठी रही। बार-बार अपनी रानों को जोड़ कर ऊपर हाथ रख देती और कुछ कहते-कहते ख़ामोश हो जाती। वह दरअसल मोटर चलाने वाले नौजवान से कहना चाहती थी "सेठ जल्दी-जल्दी मोटर चलाओ...मेरा तो यूँ दम घुट जायेगा।"

बहुत देर तक मोटर में किसी ने एक-दूसरे से बात न की। मोटर वाला मोटर चलाता रहा और पिछली सीट पर दोनों हैदराबादी नौजवान अपनी अचकनों में वो इज़तिराब छिपाते रहे जो पहली दफ़अ एक नौजवान लड़की को बिलकुल अपने पास देख कर उन्हें महसूस हो रहा था—ऐसी नौजवान लड़की को जो कुछ अर्से के लिए उनकी अपनी थी यानी जिससे वे बिला ख़ौफ़-ओ-ख़तर छेड़-छाड़ कर सकते थे।

वह नौजवान जो मोटर चला रहा था दो बरस से बम्बई में क़याम पिज़ीर था और सुर्तिया जैसी कई लड़कियाँ दिन के उजाले और रात के अँधेरे में देख चुका था। उसकी पीली मोटर में मुख़्तलिफ़ रंग-ओ-नस्ल की छोकरियाँ दाख़िल हो चुकी थीं। इसलिए उसे कोई ख़ास बेचैनी महसूस नहीं हो रही थी। हैदराबाद के उसके दो दोस्त आये थे। उनमें से एक जिसका नाम शहाब था जो बम्बई में पूरी तरह सैर-ओ-तफ़रीह करना चाहता था। इसलिए किफ़ायत ने यानी मोटर के मालिक ने अज़ राह-ए-दोस्तनवाज़ी किशोरी के ज़रिये से सुर्तिया का इन्तिज़ाम कर दिया था। दूसरे दोस्त अनवर से किफ़ायत ने कहा था कि भई तुम्हारे लिए भी एक रहे तो क्या हर्ज है मगर उसमें चूँकि एख़लाकी कुव्वत कम थी इसलिए शर्म के मारे वह ये न कह सका कि हाँ भई मेरे लिए भी एक रहे।

किफ़ायत ने सुर्तिया को पहले कभी नहीं देखा था। क्योंकि किशोरी बहुत देर के बाद ये नयी छोकरी निकालकर लाया था। लेकिन इस नयेपन के बावजूद उसने अभी तक उससे दिलचस्पी न ली थी। शायद इसलिए कि वह एक वक़्त में सिर्फ़ एक काम कर सकता था। मोटर चलाने के साथ-साथ वह सुर्तिया की तरफ़ ध्यान नहीं दे सकता था।

जब शहर ख़त्म हो गया और मोटर मुज़ाफ़ात की एक सड़क पर चलने लगी तो सुर्तिया उछल पड़ी। वह दबाव जो अब तक उसने अपने ऊपर डाल रखा था। ठण्डी हवा के झोंकों और उड़ती हुई मोटर ने एकदम उठा दिया और सुर्तिया के अन्दर बिजलियाँ सी दौड़ गयीं। वह सिर-ता-पा हरकत बन गयी। उसकी टाँगें थिरकने लगीं, बाज़ू नाचने लगे, उँगलियाँ कँपकँपाने लगीं और वह अपने दोनों तरफ़ भागते हुए पेड़ों को दौड़ती हुई निगाहों से देखने लगी।

अब अनवर और शहाब आराम महसूस कर रहे थे। शहाब ने जो सुर्तिया पर अपना हक समझता था हौले से अपने बाज़ू उसकी कमर में हायल करना चाहा। एकदम सुर्तिया के गुदगुदी उठी। तड़प कर वह अनवर पर जा गिरी और पीली मोटर की खिड़कियों में से दूर तक सुर्तिया की हँसी बहती गयी। शहाब ने जब एक बार फिर उसकी कमर की तरफ़ हाथ बढ़ाया तो सुर्तिया दोहरी हो गयी और हँसते-हँसते उसका बुरा हाल हो गया। अनवर एक कोने में दुबका रहा और मुँह में थूक पैदा करने की कोशिश करता रहा।

शहाब के दिल-ओ-दिमाग़ में शोख़ रंग भर गये। उसने किफ़ायत से कहा वल्लाह बड़ी करारी लौण्डिया है। ये कहकर उसने ज़ोर से सुर्तिया की रान में चुटकी भरी। सुर्तिया ने इसके जवाब में अनवर का हौले से कान मरोड़ दिया। इसलिए कि वह उसके बिलकुल पास था। मोटर में कहकहे उबलने लगे।

किफ़ायत बार-बार मुड़-मुड़ कर देखता था। हालाँकि उसे अपने सामने छोटे से आईने में सब कुछ दिखायी दे रहा था--कहकहों के ज़ोर का साथ देने की

ख़ातिर उसने मोटर की रफ़्तार भी तेज़ कर दी।

सुर्तिया का जी चाहा कि बाहर निकल कर मोटर के मुँह पर बैठ जाये जहाँ लोहे की उड़ती हुई परी लगी थी। वह आगे बढ़ी। शहाब ने उसे छेड़ा तो सँभलने की ख़ातिर उसने किफायत के गले में अपनी बाँहें हमायल कर दीं। किफ़ायत ने गैर इरादी तौर पर उसके हाथ चूम लिये। एक सनसनी सी सुर्तिया के जिस्म में दौड़ गयी और फाँद कर अगली सीट पर किफ़ायत के पास बैठ गयी और उसकी टाई से खेलना शुरू कर दिया।

तुम्हारा नाम क्या है?" उसने किफ़ायत से पूछा।

"मेरा नाम।" किफ़ायत ने पूछा, "मेरा नाम किफ़ायत है ये कहकर उसने दस रुपये का नोट उसके हाथ में दे दिया।

सुर्तिया ने उसके नाम की तरफ़ कोई तवज्जह न दी और नोट अपनी चोली में अड़स कर बच्चों की तरह खुश हो कर कहा, "तुम बहुत अच्छे आदमी हो–तुम्हारी ये टाई बहुत अच्छी है।"

उस वक़्त सुर्तिया को हर शय अच्छी नज़र आ रही थी–वह चाहती थी कि जो बुरे भी हैं अच्छे हो जायें और...और...फिर ऐसा हो, ऐसा हो...कि मोटर तेज़ दौड़ती रहे और हर शय हवाई बगूला बन जाये।

एकदम उसका जी चाहा कि गाये। चुनांचे उसने किफ़ायत की टाई से खेलना बन्द करके गाना शुरू कर दिया...

तुम्हीं ने मुझको प्रेम सिखाया...सोये हुए हिरदे को जगाया।

कुछ देर ये फ़िल्मी गीत गाने के बाद सुर्तिया एकदम पीछे मुड़ी और अनवर को ख़ामोश देख कर कहने लगी, "तुम क्यों चुपचाप बैठे हो–कोई बात करो–कोई गीत गाओ।" ये कहती हुई वह उचक कर पिछली सीट पर चली गयी और शहाब के बालों में उँगलियों से कंघी करने लगी। "आओ हम दोनों गायें–तुम्हें याद है वो गाना जो देविका रानी ने गाया था–मैं बन की चिड़िया बन के बन-बन बोलूँ रे...देविका रानी कितनी अच्छी है।" ये कहकर उसने दोनों हाथ जोड़ कर अपनी ठोढ़ी के नीचे रख लिये और आँखें झपकाते हुए कहा, "अशोक कुमार और देविका रानी पास-पास खड़े थे–देविका रानी कहती थी–मैं बन की चिड़िया बन के बन-बन बोलूँ रे–और अशोक कुमार कहता था...तुम कहो ना।"

सुर्तिया ने गाना शुरू कर दिया–मैं बन की चिड़िया बन के बन-बन बोलूँ रे।"

शहाब ने भद्दी आवाज़ बुलन्द की "मैं बन का पँछी बन के बन-बन बोलूँ रे।"

और फिर बाक़ायदा दो गाना शुरू हो गया। 'किफ़ायत' ने मोटर का हॉर्न बजा कर ताल का साथ दिया। सुर्तिया ने तालियाँ बजाना शुरू कर दी। सुर्तिया का बारीक सुर, शहाब की फटी हुई आवाज़, हॉर्न की पों-पों, हवा की सायं-सायं

और मोटर के इंजन की फड़फड़ाहट, ये सब मिल-जुल कर एक आर्केस्ट्रा बन गये।

सुर्तिया खुश थी, किफ़ायत खुश था–इन सब को खुश देख कर अनवर को भी खुश होना पड़ा। वह दिल में बहुत शर्मिन्दा हुआ कि ख़्वाम-ख़्वाह उसने अपने आप को कैद कर रखा था–उसके बाज़ुओं में हरकत पैदा हुई। उसके सोये हुए जज़्बात ने अँगड़ाइयाँ लीं और वह सुर्तिया, शहाब और किफ़ायत की शोर अफ़शाँ खुशी में शरीक होने के लिए तैयार हो गया।

गाते-गाते सुर्तिया ने अनवर के सिर पर से हैट उतार कर अपने सिर पर पहिन लिया और ये देखने के लिए कि उसके सिर पर कैसा लगता है उचक कर अगली सीट पर चली गयी और नन्हें से आईने में अपना चेहरा देखने लगी... अनवर सोचने लगा कि क्या मोटर में वह शुरू ही से हैट पहिने बैठा था?

सुर्तिया ने ज़ोर से किफ़ायत की मोटी रान पर चमांचा मारा "अगर मैं तुम्हारी पतलून पहिन लूँ और क़मीज़ पहिन कर ऐसी टाई लगा लूँ तो क्या पूरा साहब न बन जाऊँ?"

ये सुन कर शहाब की समझ में न आया कि वह क्या करे।

चुनांचे उसने अनवर के बाज़ुओं को झँझोड़ दिया। "वल्लाह तुम निरे चुग़द हो" और अनवर ने थोड़ी देर के लिए महसूस किया कि वह वाक़यी बहुत बड़ा चुग़द है।

किफ़ायत ने सुर्तिया से पूछा, तुम्हारा नाम क्या है?"

"मेरा, नाम" 'सुर्तिया' ने हैट के फ़ीते को अपनी ठोढ़ी के नीचे जमाते हुए कहा, "मेरा नाम सुर्तिया है।"

शहाब पिछली सीट से बोला, "सुर्तिया तुम औरत नहीं फुलझड़ी हो।"

अनवर ने कुछ कहना चाहा मगर सुर्तिया ने ऊँचे सुरों में गाना शुरू कर दिया–

प्रेम नगर में बनाऊँगी घर में तज के सब सन सा आआर।

किफ़ायत और शहाब के दिल में बयक वक़्त ये ख़्वाहिश पैदा हुई कि ये मोटर यूँ ही सारी उम्र चलती रहे।

अनवर फिर सोच रहा था कि वह चुग़द नहीं है तो क्या है।

प्रेम नगर में बनाऊँगी घर मैं तज के सब सन सा आआर

संसार के टुकड़े देर तक उड़ते रहे–सुर्तिया के बाल जो उसकी चोटी की गिरफ़्त से आज़ाद थे। यूँ लहरा रहे थे जैसा गाढ़ा धुआँ हवा के दबाव से बिखर रहा है। वह खुश थी।

शहाब खुश था, किफ़ायत खुश था और अब अनवर भी खुश होने का इरादा कर रहा था।

गीत ख़त्म हो गया और सब को थोड़ी देर के लिए ऐसा महसूस हुआ कि जो ज़ोर की बारिश हो रही थी एकाएकी थम गयी है।

किफ़यात ने सुर्तिया से कहा, "कोई और गीत गाओ।"

शहाब पिछली सीट से बोला, "हाँ-हाँ एक और रहे...ये सिनेमा वाले भी क्या याद करेंगे।"

सुर्तिया ने गाना शुरू कर दिया—

मोरे आँगना में आयी आली मैं चाल चलूँ मतवाली।

मोटर भी मतवाली चाल चलने लगी...आख़िरकार सड़क के सारे पेच ख़त्म हो गये और समन्दर का किनारा आ गया...दिन ढल रहा था और समन्दर से आने वाली हवा खुंकी इख़्तियार कर रही थी।

मोटर रुकी। सुर्तिया दरवाज़ा खोल कर बाहर निकली और साहिल के साथ-साथ दूर तक बेमक़सद दौड़ती चली गयी। किफ़ायत और शहाब भी उस दौड़ में शामिल हो गये। खुली फ़ज़ा में बेपाया समन्दर के पास, ताड़ के ऊँचे-ऊँचे पेड़ों तले गीली-गीली रेत पर सुर्तिया समझ न सकी कि वह क्या चाहती है। उसका जी चाहता था कि बयक वक़्त फ़ज़ा में घुल जाये, समन्दर में फैल जाये, इतनी ऊँची हो जाये कि ताड़ के दरख़्तों को ऊपर से देखे। साहिल की रेत की सारी नमी पैरों के ज़रिये से अपने अन्दर जज़्ब कर ले और फिर...और फिर...वही मोटर हो और वही उड़ानें, वही तेज़-तेज़ झोंके और वह मसलसल पों-पों। वह बहुत खुश थी। जब तीनों हैदराबादी नौजवान साहिल की गीली-गीली रेत पर बैठकर बियर पीने लगे तो किफ़ायत के हाथ से सुर्तिया ने बोतल छीन ली। "ठहरो मैं डालती हूँ।"

सुर्तिया ने इस तरीके से गिलास में बियर उँड़ेली कि झाग ही झाग पैदा हो गये। सुर्तिया ये तमाशा देख कर बहुत खुश हुई। साँवले-साँवले झागों में उसने अपनी उँगली खबोई और मुँह में डाल ली। जब कड़वी लगी तो बहुत बुरा मुँह बनाया। किफ़ायत और शहाब बेइख़्तियार हँस पड़े। जब दोनों की हँसी बन्द हुई तो किफ़ायत ने मुड़कर अपने पीछे देखा। अनवर भी हँस रहा था।

बियर की छह बोतलें कुछ तो झाग बनकर साहिल की रेत में जज़्ब हो गयीं और कुछ किफ़ायत, शहाब और अनवर के पेट में चली गयीं। सुर्तिया गाती रही...अनवर ने एक बार उसकी तरफ़ देखा और ख़्याल किया कि सुर्तिया बियर की बनी हुई है। उसके साँवले गाल समन्दर की नम आलूद हवा के मिस से गीले हो रहे थे...वह बेहद मसरूर थी। अब अनवर भी खुश था। उसके दिल में ये ख्वाहिश पैदा हो रही थी कि समन्दर का सब पानी बियर बन जाये और वह उसमें गोते लगाये, सुर्तिया भी डुबकियाँ लगाये।

दो ख़ाली बोतलें ले कर सुर्तिया ने एक-दूसरे से टकरा दीं, झंकार पैदा हुई और सुर्तिया ने ज़ोर-ज़ोर से हँसना शुरू कर दिया। किफ़ायत, शहाब और अनवर

भी हँसने लगे।

हँसते-हँसते सुर्तिया ने किफ़ायत से कहा, "आओ मोटर चलायें।"

सब उठ खड़े हुए—ख़ाली बोतलें गीली-गीली रेत पर औंधी पड़ी रहीं और वे सब भाग कर मोटर में बैठ गये—फिर वही हवा के तेज़-तेज़ झोंके आने लगे...वही लगातार पों-पों शुरू हुई और सुर्तिया के बाल फिर धुएँ की तरह बिखरने लगे।

गीतों का सिलसिला फिर शुरू हुआ।

मोटर हवा में आरे की तरह चलती रही—सुर्तिया गाती रही पिछली सीट पर शहाब और अनवर के बीच सुर्तिया बैठी थी। अनवर ऊँघ रहा था। सुर्तिया ने शरारत से शहाब के बालों में कंघी करना शुरू की मगर इसका नतीजा ये हुआ कि वह सो गया। सुर्तिया ने जब अनवर की तरफ़ रुख़ किया तो उसे वैसा ही सोया हुआ पाया। उन दोनों के बीच में से उठकर वह अगली सीट पर किफ़ायत के पास बैठ गयी और आवाज़ दबाकर हौले से कहने लगी "आपके दोनों दोस्त को सुला आयी हूँ--अब आप भी सो जाइये।"

किफ़ायत मुस्कराया, "फिर मोटर कौन चलायेगा।"

सुर्तिया भी मुस्करायी। "चलती रहेगी।"

देर तक किफ़ायत और सुर्तिया आपस में बातें करते रहे। इतने में वो बाज़ार आ गया, जहाँ किशोरी ने सुर्तिया को मोटर के अन्दर दाख़िल किया था—जब वो दीवार आयी जिस पर "यहाँ पेशाब करना मना है" के कई बोर्ड लगे थे तो सुर्तिया ने किफ़ायत से कहा, "बस यहाँ रोक लो।"

मोटर रोकी। पेश्तर इसके कि किफ़ायत कुछ सोचने या कहने पाये, सुर्तिया मोटर से बाहर थी। उसने इशारे से सलाम किया और चल दी—किफ़ायत हैंडिल पर हाथ रखे ग़ालिब सारे वाक़ये को ज़ेहन में ताज़ा करने की कोशिश कर रहा था कि सुर्तिया के क़दम रुके, मुड़ी और चोली में से दस रुपये का नोट निकाल कर किफ़ायत के पास सीट पर रख दिया।

किफ़ायत ने हैरत से नोट की तरफ़ देखा और पूछा, "सुर्तिया ये क्या?"

"ये...ये रुपये मैं किस बात के लूँ?" कहकर सुर्तिया फुर्ती से दौड़ गयी और किफ़ायत सीट के गद्दे पर पड़े हुए नोट की तरफ़ देखता रह गया।

उसने मुड़कर पिछली सीट की तरफ़ देखा। शहाब और अनवर भी नोट की तरह सो रहे थे।

प्रगतिशील

जोगेन्द्र सिंह की कहानियाँ जब लोकप्रिय होनी शुरू हुईं तो उसके मन में इच्छा जगी कि वह प्रसिद्ध लेखकों और कवियों को अपने घर बुलाये और उनकी दावत करे। उसका ख़याल था कि इस तरह उसकी शोहरत और लोकप्रियता और भी बढ़ जायेगी।

अपने बारे में जोगेन्द्र सिंह के बड़े अच्छे ख़याल थे। प्रसिद्ध लेखकों और कवियों को अपने घर बुला कर और उनका आदर-सत्कार करने के बाद जब वह अपनी पत्नी अमृतकौर के पास बैता तो कुछ देर के लिए बिलकुल भूल जाता कि उसका काम डाकख़ाने में चिट्ठियों की देख-भाल करना है। पटियाला फ़ैशन में रँगी हुई, अपनी तीन-गज़ी पगड़ी उतार कर, जब वह एक तरफ़ रख देता तो उसे ऐसा महसूस होता कि उसके लम्बे-लम्बे काले बालों के नीचे, जो छोटा-सा सिर छिपा हुआ है, उसमें प्रगतिशील साहित्य कूट-कूट कर भरा है। इस एहसास से उसके दिल और दिमाग़, अहं की एक अजीब-सी भावना से ओत-प्रोत हो जाते और वह समझता कि दुनिया में जितने कहानीकार और उपन्यासकार हैं, सब-के-सब, उससे एक बड़े ही मीठे रिश्ते में बँधे हैं।

अमृत कौर की समझ में यह बात न आती थी कि उसका पति लोगों को आमन्त्रित करने पर, उससे हर बार यह क्यों कहा करता है, 'अम्बो, ये जो आज चाय पर आ रहे हैं, हिन्दुस्तान के बड़े शायर हैं, समझीं, बहुत बड़े शायर। देखो, उनकी आव-भगत में कोई कसर बाक़ी न रहे।'

आने वाला, कभी हिन्दुस्तान का बहुत बड़ा कवि होता, या बहुत बड़ा कहानीकार। इससे कम दर्जे के आदमी को वह कभी बुलाता ही न था। और फिर दावत में ऊँचे-ऊँचे सुरों में जो बातें होती थीं, उनका मतलब वह आज तक न समझ सकी थी। उस बातचीत में प्रगतिशीलता की आम चर्चा होती थी। इस प्रगतिशीलता का मतलब भी अमृत कौर की समझ में न आता। एक बार जोगेन्द्र सिंह ने एक बहुत बड़े कहानीकार को चाय पिला कर छुट्टी पायी और अन्दर रसोई में आ कर बैठा तो अमृत कौर ने पूछा, 'यह मुई परगतिशीलता क्या है?'

जोगेन्द्र ने पगड़ी-समेत अपने सिर को हल्के-से हिलाया और कहा, 'प्रगतिशीलता ...इसका मतलब तुम फ़ौरन ही न समझ सकोगी। प्रगतिशील उसको कहते हैं, जो प्रगति, याने तरक़्क़ी, पसन्द करे। यह शब्द संस्कृत का है। अंग्रेज़ी में प्रगतिशील को 'प्रोग्रेसिव' कहते हैं। वे कहानीकार, जो कहानियों में तरक़्क़ी चाहते हों, उनको तरक़्क़ी-पसन्द या प्रगतिशील कहानीकार कहते हैं। इस वक़्त हिन्दुस्तान में सिर्फ़ तीन-चार प्रतिशील कहानीकार हैं, जिनमें मेरा नाम भी शामिल है।'

जोगेन्द्र सिंह की आदत थी कि वह अंग्रेज़ी शब्दों और वाक्यों से अपने विचार प्रकट किया करता था। उसकी यह आदत पक कर, अब उसका स्वभाव बन गयी थी। इसलिए वह बेझिझक, एक ऐसी अंग्रेज़ी भाषा में सोचता था, जो कुछ प्रसिद्ध अंग्रेज़ी उपन्यासकारों के अच्छे-अच्छे चुस्त फ़िकरों पर आधारित थी। आम बातचीत में, वह पचास फ़ीसदी अंग्रेज़ी शब्द और अंग्रेज़ी पुस्तकों से चुने हुए वाक्य इस्तेमाल करता था। 'अफ़लातून' को वह हमेशा 'प्लेटो' कहता था। इसी तरह 'अरस्तू' को—'एरिस्टॉटेल'। डॉक्टर सिग्मण्ड फ्रायड, शोपेनहावर और नीत्शे की चर्चा, वह अपनी हर महत्त्वपूर्ण बातचीत में किया करता था और बीवी से बात करते वक़्त वह इस बात का ख़ास ध्यान रखता था कि बातचीत में अंग्रेज़ी शब्द और ये दार्शनिक न आने पायें।

जोगेन्द्र सिंह से जब उसकी पत्नी ने प्रगतिशीलता का मतलब समझा तो उसे बड़ी निराशा हुई, क्योंकि उसका ख़याल था कि प्रगतिशीलता कोई बड़ी चीज़ होगी, जिस पर बड़े-बड़े कवि और कहानीकार उसके पति के साथ मिल कर बहस करते रहते हैं। लेकिन जब उसने यह सोचा कि भारत में सिर्फ तीन-चार प्रगतिशील कहानीकार हैं तो उसकी आँखों में चमक पैदा हो गयी। यह चमक देख कर जोगेन्द्र सिंह के मूँछों-भरे होंठ एक दबी-दबी-सी मुस्कराहट में कँपकँपाये, 'अम्बो, तुम्हें यह सुन कर ख़ुशी होगी कि हिन्दुस्तान का एक बहुत बड़ा आदमी मुझसे मिलने की इच्छा रखता है। उसने मेरी कहानियाँ पढ़ी हैं और बहुत पसन्द की हैं।'

अमृत कौर ने पूछा, 'यह बड़ा आदमी कोई सचमुच बड़ा आदमी है या आपकी तरह सिर्फ़ कहानियाँ लिखने वाला है?' जोगेन्द्र सिंह ने जेब से एक लिफ़ाफ़ा निकाला और दूसरे हाथ से पीठ पर थपथपाते हुए कहा, 'कहानीकार तो है ही, लेकिन उसकी सबसे बड़ी ख़ूबी, जो उसकी न-मिटने-वाली शोहरत के पीछे है, कुछ और ही है।'

'क्या ख़ूबी है?'

'वह एक आवारागर्द है।'

'आवारागर्द?'

'हाँ, वह एक आवारागर्द है, जिसने आवारागर्दी को अपनी ज़िन्दगी का मक़सद बना लिया है।...वह सदा घूमता रहता है...कभी कश्मीर की ठण्डी घाटियों

में होता है और कभी मुल्तान के तपते मैदानों में...कभी लंका में तो कभी तिब्बत में...।'

अमृत कौर की दिलचस्पी बढ़ गयी, 'मगर वह करता क्या है?'

'गीत इकट्ठे करता है...हिन्दुस्तान के हर हिस्से के गीत—पंजाबी, गुजराती, मराठी, पेशावरी, सरहदी, कश्मीरी, मारवाड़ी हिन्दुस्तान में जितनी ज़बानें बोली जाती हैं, उनके जितने गीत उसको मिलते हैं, इकट्ठे कर लेता है।' 'इतने गीत इकट्ठे करके क्या करेगा?'

'किताबें छापता है, लेख लिखता है, ताकि दूसरे भी ये गीत पढ़ सकें। कई अंग्रेज़ी रिसालों में उसके लेख छप चुके हैं। गीत इकट्ठे करना और सलीक़े से उनको पेश करना कोई मामूली काम नहीं है। वह बहुत बड़ा आदमी है अम्बो, बहुत बड़ा आदमी! और देखो, उसने मुझे कैसा ख़त लिखा है।' यह कह कर जोगेन्द्र सिंह ने अपनी पत्नी को वह ख़त पढ़ कर सुनाया, जो हरेन्द्रनाथ परमार्थी ने उसको अपने गाँव से डाक़खाने के पते पर भेजा था। उस ख़त में हरेन्द्र परमार्थी ने बड़ी मीठी भाषा में जोगेन्द्र सिंह की कहानियों की प्रशंसा की थी और लिखा था कि आप हिन्दुस्तान के प्रगतिशील कहानीकार हैं। यह वाक्य जोगेन्द्र सिंह ने पढ़ कर कहा, 'लो देखो, परमार्थी साहब भी लिखते हैं कि मैं प्रगतिशील हूँ।'

जोगेन्द्र सिंह ने पूरा ख़त सुनाने के बाद एक-दो पल अपनी पत्नी की ओर देखा और इसका असर मालूम करने के लिए पूछा, 'क्यों?'

अमृत कौर अपने पति की तीखी नज़र की वजह से कुछ झेंप-सी गयी और मुस्करा कर कहने लगी, 'मुझे क्या मालूम। बड़े आदमियों की बातें, बड़े आदमी ही समझ सकते हैं।'

जोगेन्द्र सिंह ने अपनी पत्नी की इस अदा पर ग़ौर नहीं किया। वह दरअसल हरेन्द्र परमार्थी को अपने घर बुलाने और उसे कुछ दिन ठहराने के बारे में सोच रहा था, 'अम्बो, मैं कहता हूँ, परमार्थी साहब को दावत दे दी जाय। क्या ख़याल है तुम्हारा... लेकिन मैं सोचता यह हूँ कि क्या पता, वह इनकार कर दें! बहुत बड़ा आदमी है। हो सकता है, वह हमारी इस दावत को ख़ुशामद समझे।'

ऐसे मौक़ों पर वह पत्नी को अपने साथ शामिल कर लिया करता था ताकि दावत का बोझ दो आदमियों में बँट जाय। इसलिए जब उसने 'हमारी' कहा तो अमृत कौर ने, जो अपने पति जोगेन्द्र सिंह की तरह बेहद भोली थी, हरेन्द्र परमार्थी में दिलचस्पी लेनी शुरू कर दी। हालाँकि उसका नाम ही उसके लिए, न-समझ-में-आने-वाला था और यह बात भी उसकी समझ से बाहर थी कि एक आवारागर्द गीत जमा करके कैसे बहुत बड़ा आदमी बन सकता है। जब उससे यह कहा गया था कि परमार्थी गीत इकट्ठे करता है तो उसे अपने पति की एक बात याद आ गयी कि विलायत में लोग तितलियाँ पकड़ने का काम करते हैं और इस

तरह काफ़ी रुपया कमाते हैं। इसलिए उसका यह ख़याल था कि शायद परमार्थी ने गीत जमा करने का काम विलायत के किसी आदमी से सीखा होगा।

जोगेन्द्र सिंह ने फिर अपनी आशंका प्रकट की, 'हो सकता है, वह हमारी इस दावत को ख़ुशामद समझे।'

'इसमें ख़ुशामद की क्या बात है। और भी तो कई बड़े आदमी आपके पास आते हैं। आप उनको ख़त लिख दीजिए। मेरा ख़याल है, वो आपकी दावत ज़रूर कबूल कर लेंगे। और फिर उनको भी तो आपसे मिलने का बहुत शौक़ है। हाँ, यह तो बताइए—क्या उनके बीवी-बच्चे हैं?'

'बीवी-बच्चे!' जोगेन्द्र सिंह उठा। ख़त का मज़मून अंग्रेज़ी भाषा में सोचते हुए उसने कहा, 'होंगे, ज़रूर होंगे। हाँ, हैं। उसके एक लेख में पढ़ा था, उसकी बीवी भी है और एक बच्ची भी है।'

यह कह कर जोगेन्द्र सिंह उठा। ख़त का मज़मून उसके दिमाग़ में पूरा हो चुका था। दूसरे कमरे में जा कर, उसने छोटे साइज़ का वह पैड निकाला, जिस पर वह ख़ास-ख़ास आदमियों को ख़त लिखा करता था और हरेन्द्र परमार्थी के नाम उर्दू में दावतनामा लिखा। यह उस मज़मून का अनुवाद था, जो उसने अपनी बीवी से बात करते समय अंग्रेज़ी में सोचा था।

तीसरे दिन परमार्थी का उत्तर आ गया। जोगेन्द्र सिंह ने धड़कते हुए दिल से लिफ़ाफ़ा खोला। जब उसने पढ़ा कि उसकी दावत मंजूर कर ली गयी है, तब उसका दिल और भी धड़कने लगा। उसकी पत्नी अमृत कौर धूप में अपने छोटे बच्चे के केशों में दही डाल कर मल रही थी कि जोगेन्द्र सिंह लिफ़ाफ़ा हाथ में ले कर उसके पास पहुँचा।

'उन्होंने हमारी दावत कबूल कर ली है। कहते हैं कि वे लाहौर में वैसे भी एक ज़रूरी काम से आ रहे थे। अपनी नयी किताब छपवाना चाहते हैं...और हाँ, उन्होंने तुमको प्रणाम लिखा है।'

अमृत कौर को इस ख़याल से बड़ी ख़ुशी हुई कि इतने बड़े आदमी ने, जिसका काम गीत इकट्ठे करना है, उसको 'प्रणाम' भेजा है। उसने मन-ही-मन वाहे गुरु को धन्यवाद दिया कि उसका ब्याह ऐसे आदमी से हुआ, जिसको भारत का हर बड़ा आदमी जानता है।

सर्दियों का मौसम था। नवम्बर के शुरू के दिन थे। जोगेन्द्र सिंह सुबह सात बजे जाग गया और देर तक बिस्तर में आँखें खोले पड़ा रहा। उसकी पत्नी अमृत कौर और उसका बच्चा, दोनों, लिहाफ़ में लिपटे हुए, पास वाली चारपाई पर पड़े थे। जोगेन्द्र सिंह ने सोचना शुरू किया—परमार्थी से मिल कर उसे कितनी ख़ुशी होगी। और ख़ुद परमार्थी को भी उससे मिल कर निश्चय ही बड़ी ख़ुशी होगी, क्योंकि वह हिन्दुस्तान का युवा-कहानीकार और प्रगतिशील लेखक है। परमार्थी से

वह हर विषय पर बात करेगा। गीतों पर, देहाती बोलियों पर, कहानियों पर और युद्ध की नयी स्थिति पर। वह उनको बतायेगा कि दफ़्तर का एक मेहनती कलर्क होने पर भी वह कैसे अच्छा कहानीकार बन गया। क्या यह अजीब-सी बात नहीं कि डाकख़ाने में चिट्ठियों की देख-भाल करने वाला आदमी कलाकार हो।

जोगेन्द्र सिंह को इस बात पर बड़ा नाज़ था कि डाकख़ाने में छह-सात घण्टे मज़दूरों की तरह काम करने के बाद भी वह इतना समय निकाल लेता है कि एक मासिक पत्रिका का सम्पादन करता है और दो-तीन पत्रिकाओं के लिए हर महीने एक-एक कहानी भी लिखता है। दोस्तों को हर महीने जो लम्बे-चौड़े पत्र लिखे जाते थे, वे अलग। देर तक, वह बिस्तर पर लेटा कल्पना-ही-कल्पना में हरेन्द्र परमार्थी से अपनी पहली मुलाक़ात की तैयारियाँ करता रहा। जोगेन्द्र सिंह ने उसकी कहानियाँ और लेख पढ़े थे और उसका फ़ोटो भी देखा था। और किसी की कहानियाँ पढ़ कर और फ़ोटो देख कर वह आम तौर पर यही महसूस किया करता था कि उसने उस आदमी को अच्छी तरह जान लिया है। लेकिन हरेन्द्र परमार्थी के मामले में उसको अपने ऊपर विश्वास न होता था। कभी उसका दिल कहता कि परमार्थी उसके लिए बिलकुल अजनबी है। उसके कहानीकार दिमाग़ में कभी-कभी परमार्थी एक ऐसे आदमी के रूप में सामने आता था, जिसने कपड़ों के बदले अपने शरीर पर काग़ज़ लपेट रखे हों और जब वह काग़ज़ों के बारे में सोचता था तो उसे अनारकली की वह दीवार याद आ जाती थी, जिस पर सिनेमा के पोस्टर ऊपर-तले, इतनी तादाद में चिपके हुए थे कि एक और दीवार बन गयी थी।

जोगेन्द्र सिंह, बिस्तर पर लेटा देर तक सोचता रहा कि अगर वह ऐसा ही आदमी निकला तो उसको समझना मुश्किल और वह उठ कर परमार्थी के स्वागत की तैयारियों में लग गया।

ख़तो-किताबत से यह तय हो गया था कि परमार्थी खुद जोगेन्द्र सिंह के मकान पर चला आयेगा, क्योंकि परमार्थी यह तय न कर सका था कि वह बस से सफ़र करेगा या रेल से। फिर भी, यह बात तो निश्चित रूप से तय हो गयी थी कि जोगेन्द्र सिंह सोमवार को डाकख़ाने से छुट्टी ले कर सारा दिन अपने मेहमान का इन्तज़ार करेगा।

नहा-धो कर और कपड़े बदल कर जोगेन्द्र सिंह देर तक रसोई में अपनी पत्नी के पास बैठा रहा। दोनों ने चाय देर से पी—इस ख़याल से कि शायद परमार्थी आ जाये। लेकिन जब वह न आया तो उन्होंने केक वग़ैरा सँभाल कर अलमारी में रख दिये और ख़ुद ख़ाली चाय पी कर मेहमान के इन्तज़ार में बैठ गये।

जोगेन्द्र सिंह रसोई से उठ कर अपने कमरे में चला गया। आईने के सामने खड़े हो कर जब उसने अपनी दाढ़ी के बालों में लोहे के छोटे-छोटे क्लिप अटकाने शुरू किये कि वे नीचे की ओर तह हो जायँ तो बाहर दरवाज़े पर दस्तक हुई। दाढ़ी

को वैसे ही अधूरी हालत में छोड़ कर उसने ड्योढ़ी का दरवाज़ा खोला। जैसा कि उसको मालूम था, सबसे पहले उसकी नज़र परमार्थी की घनी, काली दाढ़ी पर पड़ी, जो उसकी अपनी दाढ़ी से बीस गुना बड़ी थी, बल्कि उससे भी कुछ ज़्यादा। परमार्थी के होंठों पर, जो बड़ी-बड़ी मूँछों के अन्दर छिपे हुए थे, मुस्कराहट पैदा हुई। उसकी एक आँख, जो ज़रा टेढ़ी थी, ज़्यादा टेढ़ी हो गयी। और बालों की लटों को एक तरफ़ झुका कर, उसने अपना हाथ, जो किसी किसान का हाथ मालूम होता था, जोगेन्द्र सिंह की ओर बढ़ा दिया।

जोगेन्द्र सिंह ने जब उसके हाथ की मज़बूत गिरफ़्त महसूस की और उसको परमार्थी का चमड़े वह थैला नज़र आया, जो किसी गर्भवती औरत के पेट की तरह फूला हुआ था तो वह बड़ा प्रभावित हुआ और सिर्फ़ इतना कह सकाः 'परमार्थी जी, आपसे मिल कर मुझे बेहद ख़ुशी हुई।'

परमार्थी को आये अब पन्द्रह दिन हो चुके थे। उसके आने के दूसरे दिन ही उसकी बीवी और बच्ची भी आ गयी थी। ये दोनों परमार्थी के साथ ही गाँव से आयी थीं, पर दो दिन के लिए मज़ंग में, दूर के एक रिश्तेदार के यहाँ ठहर गयी थीं और चूँकि परमार्थी ने उस रिश्तेदार के पास उनका अधिक देर तक ठहरना ठीक नहीं समझा था, इसलिए उसने उन्हें अपने पास बुलवा लिया था। परमार्थी अपने साथ, सिवा उस फूले हुए बैग के, कुछ न लाया था। सर्दियों के दिन थे, इसलिए दोनों कहानीकार एक ही बिस्तर में सोये। जोगेन्द्र सिंह का ख़याल था कि परमार्थी की बीवी बिस्तर ले आयेगी, पर जब वह सिर्फ़ एक कम्बल लायी, जो उन माँ-बेटी के लिए भी नाकाफ़ी था, तो जोगेन्द्र सिंह ने पहले की तरह, परमार्थी के साथ एक ही लिहाफ़ में सोते रहने का फ़ैसला कर लिया और अपने इस फ़ैसले पर फ़ख्र भी महसूस किया।

पहले चार दिन बड़ी दिलचस्प बातों में बीते। परमार्थी से अपनी कहानियों की तारीफ़ सुन कर जोगेन्द्र सिंह बहुत ख़ुश होता रहा। उसने अपनी एक कहानी, जो अभी छपी न थी, परमार्थी को सुनायी; परमार्थी ने उसकी बड़ी तारीफ़ की। दो अधूरी कहानियाँ भी सुनायीं, जिनके बारे में परमार्थी ने अच्छी राय ज़ाहिर की। प्रगतिशील साहित्य पर बहस-मुबाहिसा मुश्किल हो जायेगा लेकिन बाद में, जब उसको दूसरों को तत्काल समझ लेने की अपनी ख़ूबी का ख़याल आया तो उसकी मुश्किलें आसान हो गयीं होता रहा। दूसरे कहानीकारों की कला के दोष निकाले गये। नयी और पुरानी शायरी का मुक़ाबिला किया गया। क़िस्सा मुख़्तसर यह कि ये चार दिन अच्छी तरह कटे और हरेन्द्र परमार्थी के व्यक्तित्व से जोगेन्द्र सिंह बहुत प्रभावित हुआ। उसकी बातचीत का ढंग, जिसमें एक ही समय में बचपना और बुढ़ापा था, जोगेन्द्र को बहुत पसन्द आया। उसकी लम्बी दाढ़ी, जो उसकी अपनी दाढ़ी से बीस गुना बड़ी थी, उसके विचारों पर छा गयी और बालों की

लम्बी-लम्बी लटें, जिनमें देहाती गीतों की रवानी थी, हर समय उसकी आँखों के सामने रहने लगीं। डाक़खाने में चिट्ठियों की देख-भाल करने के दौरान भी परमार्थी के सिर की वे काली-काली लम्बी लटें उसे न भूलतीं।

चार दिन में परमार्थी ने जोगेन्द्र सिंह को मोह लिया। वह उसका भक्त हो गया। उसकी टेढ़ी आँख में भी उसको ख़ूबसूरती नज़र आने लगी, बल्कि एक बार तो उसने सोचा—अगर उसकी आँख में टेढ़ापन न होता तो उसके चेहरे पर यह 'महात्मापन' कभी न पैदा होता।

परमार्थी के मोटे-मोटे होंठ अब उसकी घनी मूँछों के पीछे हिलते तो जोगेन्द्र ऐसा महसूस करता कि झाड़ियों में पक्षी चहक रहे हैं। परमार्थी हौले-हौले बोलता था और बोलते-बोलते जब वह अपनी दाढ़ी पर हाथ फेरता तो जोगेन्द्र के दिल को बड़ा सुख मिलता। वह समझता था कि उसके अपने दिल पर प्यार से हाथ फेरा जा रहा है।

चार दिन तक जोगेन्द्र ऐसी फ़िज़ा में रहा, जिसको अगर वह अपनी किसी कहानी में भी बयान करना चाहता तो न कर सकता। लेकिन पाँचवें दिन, एकाएक, परमार्थी ने अपना चमड़े का थैला खोला और उसको अपनी कहानियाँ सुनानी शुरू कीं। दस दिन तक लगातार वह उसको अपनी कहानियाँ सुनाता रहा और इस बीच परमार्थी ने जोगेन्द्र को कई किताबें सुना दीं।

जोगेन्द्र सिंह तंग आ गया। अब उसको कहानियों से नफ़रत पैदा हो गयी। परमार्थी का चमड़े का थैला, जिसका पेट बनिये की तोंद की तरह फूला हुआ था, उसके लिए एक स्थायी यन्त्रणा का चीज़ बन गया। रोज़ शाम को, दफ़्तर से लौटते हुए, उसे इस बात का खटका रहने लगा कि कमरे में दाखिल होते ही परमार्थी से उसका सामना होगा, इधर-उधर की कुछ सरसरी बातें होंगी; वह चमड़े का थैला खुलेगा और उसको एक या दो लम्बी कहानियाँ सुना दी जायेंगी।

जोगेन्द्र सिंह प्रगतिशील था। यह प्रगतिशीलता अगर उसके अन्दर न होती तो वह साफ़ शब्दों में परमार्थी से कह देता—'बस परमार्थी जी, बस। मुझमें अब आपकी कहानियाँ सुनने की सकत नहीं रही।' पर वह सोचता—'नहीं-नहीं, मैं प्रगतिशील हूँ। मुझे ऐसा नहीं कहना चाहिए। दरअसल यह मेरी कमज़ोरी है कि अब उनकी कहानियाँ मुझे अच्छी नहीं लगतीं। उनमें कोई-न-कोई गुन ज़रूर होगा...इसलिए कि उनकी पहली कहानियाँ मुझे ख़ूबियों से भरी दिखती थीं।...मैं ...मैं...मैं पक्षपात करने लगा हूँ।'

एक हफ़्ते से ज़्यादा वक़्त तक जोगेन्द्र सिंह के प्रगतिशील दिमाग़ में यह कश-म-कश चलती रही और वह सोच-सोच कर उस हद तक पहुँच गया, जहाँ सोच-विचार हो ही नहीं सकता। तरह-तरह के ख़याल उसके दिमाग़ में आते, पर वह सही तौर पर उनकी जाँच-पड़ताल न कर पाता। उसकी दिमाग़ी अफ़रा-तफ़री

धीरे-धीरे बढ़ती गयी और वह ऐसा महसूस करने लगा कि एक बहुत बड़ा घर है, जिसमें अनगिनत खिड़कियाँ हैं। उस मकान के अन्दर वह अकेला है। आँधी आ गयी है, कभी इस खिड़की के पट बजते हैं, कभी उस खिड़की के और उसकी समझ में नहीं आता, वह इतनी खिड़कियों को एकदम कैसे बन्द करे।

जब परमार्थी को उसके घर आये बीस दिन हो गये तो उसे बेचैनी महसूस होने लगी। परमार्थी अब शाम को नयी कहानी लिख कर उसे सुनाता तो जोगेन्द्र को ऐसा लगता कि बहुत-सी मक्खियाँ उसके कानों के पास भनभना रही हैं। वह किसी और ही सोच में डूबा होता।

जब एक दिन परमार्थी ने उसको अपनी ताज़ा कहानी सुनायी, जिसमें किसी औरत और मर्द के जिस्मानी रिश्तों की चर्चा थी तो यह सोच कर उसके दिल को धक्का-सा लगा कि पूरे इक्कीस दिन, अपनी बीवी के पास सोने के बदले, वह एक लमदढ़ियल के साथ एक ही लिहाफ़ में सोता रहा है। इस ख़याल ने जोगेन्द्र के दिल और दिमाग़ में पल भर के लिए हलचल-सी पैदा कर दी।

'यह कैसा मेहमान है, जो जोंक की तरह चिमट कर रह गया है, यहाँ से हिलने का नाम ही नहीं लेता...और...और मैं उनकी श्रीमती जी को तो भूल ही गया था। और उनकी बच्ची...सारा घर उठ कर चला आया है। ज़रा-सा भी ख़याल नहीं कि एक ग़रीब आदमी का कचूमर निकल जायेगा...मैं डाक़खाने में नौकर हूँ; सिर्फ़ पचास रुपये महीना कमाता हूँ। आख़िर कब तक उनकी आव-भगत करता रहूँगा। और फिर कहानियाँ...उसकी कहानियाँ, जो कि ख़त्म होने में ही नहीं आतीं। मैं इंसान हूँ, कोई लोहे का ट्रंक नहीं, जो हर रोज़ उसकी कहानियाँ सुनता रहूँ...और कैसा ग़ज़ब कि इतने दिनों तक मैं अपनी बीवी के पास भी नहीं गया...सर्दियों की ये रातें बेकार हो रही हैं।'

इक्कीस दिनों के बाद जोगेन्द्र सिंह, परमार्थी को एक नयी रोशनी में देखने लगा। अब उसको परमार्थी की हर चीज़ में ऐब नज़र आने लगा। उसकी टेढ़ी आँख, जिसमें जोगेन्द्र सुन्दरता देखता था, अब सिर्फ़ एक टेढ़ी आँख थी। उसकी काली लटों में भी अब जोगेन्द्र को वह कोमलता नहीं दिखती थी और उसकी दाढ़ी देख कर वह सोचता कि इतनी लम्बी दाढ़ी रखना बहुत बड़ी बेवकूफ़ी है।

जब परमार्थी को उसके यहाँ आये पच्चीस दिन हो गये तो उसकी दिमाग़ी हालत अजीब-सी हो गयी। वह अपने आप को अजनबी समझने लगा। उसे ऐसा महसूस होने लगा, जैसे वह कभी जोगेन्द्र सिंह को जानता था, पर अब नहीं जानता। अपनी बीवी के बारे में वह सोचता—'जब परमार्थी चला जायेगा और सब ठीक हो जायेगा तो मेरी शादी नये सिरे से होगी... मेरी वह पुरानी ज़िन्दगी, जिसको टाट की तरह ये लोग इस्तेमाल कर रहे हैं, लौट आयेगी... मैं फिर अपनी पत्नी के साथ सो सकूँगा... और...'

इसके आगे जब जोगेन्द्र सिंह सोचता तो उसकी आँखों में आँसू आ जाते और उसके गले में कोई कड़वी-सी चीज़ फँस जाती। उसका जी चाहता कि दौड़ा-दौड़ा अन्दर जाय और अमृत कौर को, जो कभी उसकी बीवी हुआ करती थी, अपने गले से लगा ले और रोना शुरू कर दे। पर ऐसा करने की उसमें हिम्मत नहीं थी, क्योंकि वह एक प्रगतिशील कथाकार था। कभी-कभी जोगेन्द्र सिंह के दिल में यह ख़याल दूध के उबाल की तरह उता कि प्रगतिशीलता की यह रज़ाई, जो उसने ओढ़ रखी है, उतार फेंके और चिल्लाना शुरू कर दे—'परमार्थी, प्रगतिशीलता की ऐसी-की-तैसी। तुम और तुम्हारे इकट्ठे किये हुए गीत बकवास हैं। मुझे अपनी बीवी चाहिए... तुम्हारी सारी इच्छाएँ तो गीतों में ज़ज्ब हो चुकी हैं, मगर मैं अभी नौजवान हूँ... मेरी हालत पर रहम करो।... ज़रा सोचो तो—मैं, जो एक मिनट अपनी बीवी के बिना नहीं रह सकता, पच्चीस दिनों से तुम्हारे साथ एक ही रज़ाई में सो रहा हूँ... क्या यह ज़ुल्म नहीं?'

जोगेन्द्र सिंह बस खौल के रह जाता। परमार्थी उसकी दशा से बेख़बर, हर शाम एक नयी कहानी उसे सुना देता और उसके साथ रज़ाई में सो जाता।

जब एक महीना बीत गया तो जोगेन्द्र सिंह के सब्र का बाँध टूट गया। मौक़ा पा कर बाथ-रूम में वह अपनी बीवी से मिला—धड़कते हुए दिल के साथ; इस डर के मारे कि परमार्थी की बीवी न आ जाये उसने जल्दी से उसे यूँ चूमा, जैसे डाक़खाने में चिट्ठियों पर मोहर लगायी जाती है और कहा—'आज रात तुम जागती रहना। मैं परमार्थी से यह कह कर बाहर जा रहा हूँ कि रात के ढाई बजे वापस आऊँगा। लेकिन मैं जल्दी आ जाऊँगा, बारह बजे... पूरे बारह बजे। मैं हौले-हौले दस्तक दूँगा। तुम चुपके से दरवाज़ा खोल देना और फिर हम... ड्योढ़ी बिलकुल अलग-थलग है, लेकिन तुम एहतियात के तौर पर वह दरवाज़ा, जो बाथ-रूम की तरफ़ खुलता है, बन्द कर देना।'

बीवी को अच्छी तरह समझा कर वह परमार्थी से मिला और उससे विदा ले कर चला गया। बारह बजने में चार सर्द घण्टे बाक़ी थे, जिनमें से दो, जोगेन्द्र सिंह ने अपनी साइकिल पर इधर-उधर घूमने में काटे। उसको सर्दी के तीखेपन का बिलकुल एहसास न हुआ, इसलिए कि बीवी से मिलने का ख़याल काफ़ी गर्म था।

दो घण्टे साइकिल पर घूमने के बाद, वह अपने मकान के पास मैदान में बैठ गया और महसूस करने लगा कि वह रूमानी हो गया है। जब उसने सर्द रात की धुँधियाली ख़ामोशी का ख़याल किया तो उसे यह एक जानी-पहचानी चीज़ मालूम हुई। ऊपर, ठिठुरे हुए आसमान पर तारे चमक रहे थे, जैसे पानी की मोटी-मोटी बूँदें जम कर मोती बन गयी हों। कभी-कभी रेलवे इंजन की चीख़ ख़ामोशी को छेड़ देती और जोगेन्द्र सिंह का कहानीकार दिमाग़ यह सोचता कि ख़ामोशी—ब्रफ का बहुत बड़ा ढेला है और सीटी की आवाज़—वह कील है, जो उसकी छाती में धँस गयी है।

बहुत देर तक जोगेन्द्र एक नये किस्म के रूमान को अपने दिल और दिमाग़ में फैलाता रहा और रात की अँधियारी ख़ूबसूरतियों को गिनता रहा। सहसा इन विचारों से चौंक कर उसने घड़ी में समय देखा तो बारह बजने में दो मिनट बाक़ी थे। उठ कर उसने घर का रुख़ किया और दरवाज़े पर हौले से दस्तक दी। पाँच सेकेण्ड बीत गये। दरवाज़ा नहीं खुला। एक बार फिर उसने दस्तक दी।

दरवाज़ा खुला। जोगेन्द्र सिंह ने हौले से कहा—'अम्बो... !' और जब नज़रें उठा कर उसने देखा तो अमृत कौर की जगह परमार्थी खड़ा था। अँधेरे में जोगेन्द्र सिंह को ऐसा मालूम हुआ कि परमार्थी की दाढ़ी इतनी लम्बी हो गयी है कि ज़मीन को छू रही है। फिर उसको परमार्थी की आवाज़ सुनायी दी—'तुम जल्दी आ गये...चलो, यह भी अच्छा हुआ... ! मैंने अभी-अभी एक कहानी ख़त्म की है... आओ सुनो।'

शाह दौले का चूहा

सलीमा की जब शादी हुई तो वह इक्कीस बरस की थी।

पाँच बरस हो गये मगर उसके औलाद न हुई--उसकी माँ और सास को बहुत फ़िक्र थी। माँ को ज़्यादा थी, इसलिए कि वह सोचती, कहीं सलीमा का ख़ाविन्द नजीब दूसरी शादी न कर ले। चुनांचे कई डॉक्टरों से मश्वरा किया गया मगर कोई बात पैदा न हुई।

सलीमा ख़ुद बहुत मुतफ़क्किर[1] थी--शादी के बाद बहुत कम लड़कियाँ ऐसी होती हैं जो औलाद की ख़्वाहिशमन्द न हों--उसने अपनी माँ से कई बार मश्वरा किया और माँ की हिदायतों पर भी अमल किया, मगर नतीजा सिफ़र निकला।

एक दिन सलीमा की एक सहेली, जो बाँझ क़रार दे दी गई थी, बहुत अर्से के बाद उसके पास आयी--सलीमा को बड़ी हैरत हुई कि उसकी सहेली की गोद में एक गुलगोथना लड़का है।

उसने बेंड़े अन्दाज़ में पूछा : "फ़ातिमा, तुम्हारे यह लड़का कैसे पैदा हो गया?"

फ़ातिमा उससे पाँच साल बड़ी थी--उसने मुसकराकर कहा : "यह शाह दौले साहब की बरकत है...मुझसे एक औरत ने कहा था : 'अगर औलाद चाहती हो तो गुजरात जा कर शाह दौले के मज़ार पर मन्नत मानो और कहो कि हुज़ूर, जो पहला बच्चा पैदा होगा, वह आपकी ख़ानक़ाह पर चढ़ावे के तौर पर चढ़ा दिया जायेगा...' "

फ़ातिमा ने सलीमा को यह भी बताया कि जब शाह दौले साहब के मज़ार पर ऐसी मन्नत मानी जाती है तो पहला बच्चा ऐसा पैदा होता है जिसका सिर बहुत ही छोटा होता है और वह पहला बच्चा उस ख़ानक़ाह में छोड़ आना पड़ता है।

सलीमा को फ़ातिमा की बात पसन्द न आयी और उसको दुख भी हुआ--उसने सोचा : 'कौन ऐसी माँ है, जो अपने बच्चे से हमेशा के लिए महरूम हो जायेगी, उसका सिर छोटा हो, या नाक चपटी हो, या आँखें भैंगी हों...माँ अपने बच्चे को घूरे में नहीं फेंक सकती...ऐसा तो कोई डायन ही कर सकती है...!'

लेकिन उसे औलाद चाहिए थी, इसलिए वह अपनी उम्र से बड़ी सहेली की बात मान गयी, जो गुजरात की रहनेवाली थी और जहाँ शाह दौले का मज़ार था।

सलीमा ने अपने ख़ाविन्द से कहा : "फ़ातिमा मुझे मजबूर कर रही है कि उसके साथ चलूँ...आप इजाज़त दे दीजिये।"

उसके ख़ाविन्द को क्या एतिराज़ हो सकता था—उसने कहा : 'जाओ, मगर जल्द लौट आना।'

आख़िर सलीमा एक दिन फ़ातिमा के साथ गुजरात चली गयी।

शाह दौले का मज़ार, जैसा कि उसने सोच रखा था, कोई अहदे-अतीक़[2] की इमारत नहीं थी—अच्छी-ख़ासी जगह थी जो उसको पसन्द आयी, मगर जब उसने एक हुजरे में शाह दौले के चूहे देखे, जिनकी नाक से रींठ बह रहा था और जिनका दिमाग़ बिलकुल माऊफ़[3] था तो वह काँप-काँप गयी।

वहाँ उसने एक जवान लड़की देखी—पूरे शबाब पर—जो ऐसी हरकतें कर रही थी कि संजीदा से संजीदा आदमी को भी हँसी आ जाती—वह उस लड़की को देख कर एक लम्हे के लिए हँसी, मगर दूसरे लम्हे ही उसकी आँखों में आँसू आ गये।

वह सोचने लगी : 'इस लड़की का क्या होगा...यहाँ के मुजाविर[4] इसे किसी के पास बेच देंगे जो इसे बन्दरिया बनाकर शहर-ब-शहर फिराएँगे...यह ग़रीब उनकी रोज़ी का ठीकरा बन जायेगी।'

उस लड़की का सिर बहुत छोटा था।

सलीमा ने सोचा : 'अगर सिर छोटा है तो इंसान की फ़ितरत तो इतनी छोटी नहीं...वह तो पागलों के साथ भी चिमटी रहती है।'

उस शाह दौले की चुहिया का जिस्म बहुत ख़ूबसूरत था। उस जिस्म की हर क़ौस अपनी जगह पर मुनासिबो-मौज़ूँ थी, मगर उसकी हरकात ऐसी थीं, जैसे उसके हवास किसी ख़ास ग़रज़ के मातहत मुख़्ताल[5] कर दिये गये हों। वह इस तरीक़े से चलती-फिरती और हँसती थी जैसे वह कोई कूक भरा खिलौना हो।

सलीमा ने महसूस किया कि वह इसी ग़रज़ के लिए बनाई गयी है।

इन तमाम एहसासात के बावजूद उसने अपनी सहेली फ़ातिमा के कहने पर शाह दौले साहब के मज़ार पर मन्नत माँगी कि अगर उसके बच्चा हुआ तो वह उनकी नज़्र कर देगी।

डॉक्टरी इलाज सलीमा ने जारी रखा—दो माह के बाद बच्चे की पैदाइश के असार पैदा हो गये।

वह बहुत खुश हुई—मुक़र्ररा वक़्त पर उसके लड़का हुआ।

हमल[6] के दौरान में चूँकि चाँद ग्रहन लगा था, इसलिए लड़के के दाहिने गाल पर एक छोटा-सा धब्बा था जो बुरा नहीं लगता था।

फ़ातिमा ने आते ही कहा कि उस बच्चे को फ़ौरन शाह दौले साहब के हवाले कर देना चाहिए।

सलीमा ने ख़ुद यही मन्नत मानी थी—कई दिनों तक वह टालमटोल करती रही—उसकी ममता नहीं मानती थी कि वह अपना लख़्ते-जिगर वहाँ फेंक आये।

उससे कहा गया था कि शाह दौले साहब से जो औलाद माँगता है, उसके पहले बच्चे का सिर छोटा होता है—उसके लड़के का सिर काफ़ी बड़ा था।

फ़ातिमा ने कहा : "यह कोई ऐसी बात नहीं है जो तुम बहाने के तौर पर इस्तेमाल कर सको...तुम्हारा यह पहला बच्चा शाह दौले साहब की मिल्क़ियत है और इस पर तुम्हारा कोई हक़ नहीं है...अगर तुम अपने वादे से फिर गयीं तो तुम पर ऐसा अज़ाब[7] नाज़िल[8] होगा कि सारी उम्र याद रखोगी।"

सलीमा डर गयी।

बादिले-नख़्वास्ता उसको अपना प्यारा गुलगोथना-सा बेटा, जिसके दाहिने गाल पर एक छोटा-सा धब्बा था, गुजरात जा कर शाह दौले साहब के मज़ार के मुजाविरों के हवाले करना पड़ा।

वह इस क़दर रोई, उसको इतना सदमा हुआ कि वह बीमार हो गयी और एक बरस तक ज़िन्दगी और मौत के दरमियान मुअल्लक़[9] रही—उसको अपना बच्चा भूलता ही नहीं था, ख़ासतौर पर उसके दाहिने गाल का छोटा-सा धब्बा जिसको वह अक्सर चूमा करती थी कि उसको बहुत अच्छा लगता था—उसने एक लम्हे के लिए भी अपने बच्चे को फ़रामोश न किया।

वह अजीब-अजीब ख़्वाब देखती—शाह दौले का छोटे सिरवाला चूहा उसके परेशान तसव्वुर में एक बहुत बड़ा चूहा बनकर नुमूदार होता जो उसके गोश्त को अपने तेज़ दाँतों से कुतरता—वह चीख़ती और अपने ख़ाविन्द से कहती : 'मुझे बचाइए...देखिए चूहा मेरा गोश्त खा रहा है।'

कभी उसका मुज़्तरिब[10] दिमाग़ यह सोचता कि उसका बच्चा चूहा बिल के अन्दर दाख़िल हो रहा है; वह उसकी दुम खींच रही है; मगर बिल के अन्दर के बड़े-बड़े चूहों ने उसकी थूथनी पकड़ ली है, इसलिए वह उसे बाहर नहीं निकाल सकती।

कभी उसकी नज़रों के सामने वह लड़की आ जाती जो पूरे शबाब पर थी और जिसको उसने शाह दौले साहब के मज़ार के एक हुजरे में देखा था—वह हँसना शुरू कर देती, लेकिन थोड़ी ही देर के बाद रोने लगती; इतना रोती कि उसके ख़ाविन्द नजीब की समझ में न आता कि वह उसके आँसू कैसे ख़ुश्क करे।

सलीमा को हर जगह चूहे नज़र आते थे—बिस्तर पर, बावर्चीख़ाने में, ग़ुसलख़ाने के अन्दर, सोफ़े पर; दिल में, कानों में—बाज़ औक़ात तो वह यह महसूस करती कि वह ख़ुद एक चुहिया है; उसकी नाक से रींठ बह रहा है और वह शाह दौले के

मज़ार के एक हुजरे में अपना छोटा, बहुत ही छोटा सिर अपने नातुवाँ कन्धों पर उठाये ऐसी हरक़ात कर रही है कि देखनेवाले हँस-हँसकर लोट-पोट हो रहे हैं।

उसकी हालत क़ाबिले-रहम थी।

उसको फ़ज़ा में धब्बे ही धब्बे नज़र आते, जैसे एक बहुत बड़ा गाल है जिस पर सूरज बुझकर टुकड़े-टुकड़े होके जगह-जगह जम गया है।

सलीमा का बुख़ार हल्का हुआ तो उसकी तबीयत किसी क़दर सँभल गयी।

नजीब क़दरे मुतमइन[11] हो गया—उसको मालूम था कि उसकी बीवी की अलालत[12] का बायस क्या है। वह ज़ईफ़ुलएतिक़ाद[13] था। उसको अपनी पहली औलाद के भेंट चढ़ जाने का कोई एहसास नहीं था। जो कुछ किया गया था, वह उसे बिलकुल मुनासिब समझता था, बल्कि वह तो यह सोचता था कि उसके जो बेटा हुआ था, वह उसका नहीं शाह दौले साहब का था।

जब सलीमा का बुख़ार बिलकुल उतर गया और उसके दिलो-दिमाग़ का तूफ़ान ठण्डा पड़ गया तो नजीब ने उससे कहा : "मेरी जान, अपने बच्चे को भूल जाओ...वह सदके का था।"

सलीमा ने बड़े ज़ख़्मख़ुर्दा लहजे में कहा : "मैं नहीं मानती...सारी उम्र मैं अपनी ममता पर लानतें भेजती रहूँगी कि मैंने इतना बड़ा गुनाह क्यों किया...मैंने अपना लख़्ते-जिगर उस मज़ार के मुजाविरों के हवाले क्यों किया...वह मुजाविर माँ तो नहीं हो सकते।"

एक दिन वह ग़ायब हो गयी और सीधी गुजरात जा पहुँची।

वह सात-आठ रोज़ तक वहाँ रही—उसने अपने बच्चे के मुताल्लिक़ बहुत पूछताछ की मगर कोई अता-पता न मिला।

वह मायूस हो कर वापिस आ गयी और उसने अपने ख़ाविंद से कहा : "मैं अब अपने बच्चे को याद नहीं करूँगी।"

याद तो वह करती रही, लेकिन दिल ही दिल में—उसके बच्चे के दाहिने गाल का छोटा-सा धब्बा उसके दिल का दाग़ बनके रह गया था।

एक बरस के बाद उसकी लड़की हुई—लड़की की शक्ल उसके पहलौठी के लड़के से बहुत मिलती-जुलती थी, लेकिन उसके दाहिने गाल पर दाग़ नहीं था।

उसने लड़की का नाम मुजीबा रखा, क्योंकि उसने अपने बेटे का नाम मुजीब सोचा था।

जब उसकी लड़की दो महीने की हुई तो उसने उसे गोद में उठाया और सुर्मेदानी से थोड़ा-सा सुर्मा निकालकर उसके दाहिने गाल पर एक बड़ा-सा तिल बना दिया और अपने बेटे को याद करके रोने लगी—उसके आँसू बच्ची के गालों पर गिरे तो उसने फ़ौरन अपने दुपट्टे से पोंछे और हँसने लगी—वह कोशिश करती थी कि अपना सद्मा भूल जाये।

इसके बाद सलीमा के दो लड़के पैदा हुए—उसका ख़ाविन्द बहुत ख़ुश था—कई बरस बीत गये।

एक बार सलीमा को किसी सहेली की शादी के मौक़े पर गुजरात जाना पड़ा तो उसने एक बार फिर अपने बेटे के मुताल्लिक़ पूछगुछ की मगर उसे नाकामी हुई।

उसने सोचा कि शायद मर गया हो—उसने जुमेरात को बड़े एहतिमाम[14] से फ़ातिहाख़्वानी[15] कराई।

अड़ोस-पड़ोस की सब औरतें हैरान थीं कि किस मर्ग की सिलसिले में इतना तकल्लुफ़ किया गया है—बाज़ ने सलीमा से पूछा, मगर उसने कोई जवाब न दिया।

शाम को उसने अपनी दस बरस की लड़की मुजीबा का हाथ पकड़ा और उसे अन्दर कमरे में ले गयी। फिर उसने सुर्मे से मुजीबा के दाहिने गाल पर एक छोटा-सा धब्बा बनाया और उसको देर तक चूमती रही।

वह मुजीबा ही को अपना गुमशुदा बेटा समझती थी—अब उसने अपने बेटे के मुताल्लिक़ सोचना छोड़ दिया था, इसलिए कि फ़ातिहाख़्वानी कराने के बाद उसके दिल का बोझ हल्का हो गया था। उसने अपने तसव्वुर में उसकी क़ब्र बना ली थी जिस पर वह तसव्वुर ही में फूल भी चढ़ाया करती।

उसके तीनों बच्चे स्कूल में पढ़ रहे थे—वह हर सुबह उनको तैयार करती, उनके लिए नाश्ता बनवाती, हर एक को बनाती-सँवारती—जब वे स्कूल चले जाते तो एक लहज़े के लिए उसे अपने बड़े बेटे का ख़्याल आता। फिर वह सोचती कि वह उसकी फ़ातिहाख़्वानी करा चुकी है और उनके दिल का बोझ हल्का हो चुका है, फिर भी उसको कभी-कभी ऐसा महसूस होता कि उसके बेटे के दाहिने गाल का छोटा-सा धब्बा उसके दिमाग़ में मौजूद है।

एक दिन उसके तीनों बच्चे भागे-भागे आये और उससे कहने लगे : 'अम्मी, हम तमाशा देखना चाहते हैं।"

उसने बड़ी शफ़क़त[16] से पूछा : "कैसा तमाशा?"

उसकी लड़की मुजीबा ने, जो सबसे बड़ी थी, कहा : 'अम्मीजान, एक आदमी है...वह तमाशा दिखाता है।"

उसने कहा : "जाओ, उस आदमी को बुला लाओ, मगर वह घर के अन्दर न आये, बस बाहर की तमाशा करे।"

बच्चे भागे हुए गये और उस आदमी को बुला लाये और फिर तमाशा देखते रहे।

जब तमाशा ख़त्म हो गया तो मुजीबा अपनी माँ के पास गयी कि पैसे ले आये।

सलीमा ने अपने पर्स से चवन्नी निकाली और बाहर बरामदे की तरफ़

बढ़ी—जब वह दरवाज़े के पास पहुँची तो उसने देखा कि शाह दौले का एक चूहा खड़ा अजीब अहमक़ाना अन्दाज़ में सिर हिला रहा है—उसको हँसी आ गयी।

दस-बारह बच्चे उस शाह दौले के चूहे के इर्द-गिर्द जमा थे और बेतहाशा हँस रहे थे। इतना शोर मच रहा था कि कान पड़ी आवाज़ सुनाई नहीं दे रही थी।

सलीमा चवन्नी हाथ में लिये आगे बढ़ी और उसने शाह दौले के चूहे को देना चाही, मगर उसका हाथ आपसे आप एकदम पीछे हट गया जैसे उसे बिजली का करेंट छू गया हो।

उस चूहे के दाहिने गाल पर छोटा-सा एक दाग़ था।

सलीमा ने ग़ौर से उसकी तरफ़ देखा—उसकी नाक से रींठ बह रहा था।

मुजीबा ने, जो सलीमा के पास खड़ी थी, अपनी माँ से कहा : "यह...यह चूहा...अम्मीजान, इसकी शक्ल मुझसे क्यों मिलती है...? मैं भी क्या चुहिया हूँ?"

सलीमा ने उस शाह दौले के चूहे का हाथ पकड़ा और उसको अन्दर ले गयी।

दरवाज़ा बन्द करके सलीमा ने उसको चूमा, उसकी बलायें लीं।

वह उसका मुजीब था और ऐसी अहमक़ाना हरकतें कर रहा था कि उसके गमो-अन्दोह में डूबे हुए दिल में भी हँसी के आसार नुमूदार हो रहे थे।

उसने कहा : "बेटे, मैं तेरी माँ हूँ..."

शाह दौले का चूहा बड़े बेहंगम तौर पर हँसा—अपनी नाक की रींठ[17] आस्तीन से पोंछकर उसने सलीमा के सामने हाथ फैलाया : "एक पैसा..."

सलीमा ने अपना पर्स खोला—उसकी आँखें अपनी सारी नहरें पहले ही खोल चुकी थीं—सौ रुपये का एक नोट निकाला और बाहर जा कर उस आदमी को देने की कोशिश की, जो उसके मुजीब को तमाशा बनाए हुए था।

उस आदमी ने यह कहकर इनकार कर दिया कि वह इतनी कम क़ीमत पर अपनी रोज़ी के ज़रिए को नहीं बेच सकता।

सलीमा ने उसे बिलआख़िर पाँच सौ रुपयों पर राज़ी कर लिया।

वह रक़म अदा करके जब अन्दर आयी तो मुजीब ग़ायब था।

मुजीबा ने उसको बताया कि वह पिछवाड़े से बाहर निकल गया था।

सलीमा की कोख पुकारती रही : 'मुजीब वापिस आ जाओ...' मगर वह ऐसा गया कि फिर न आया।

---

1. चिन्तित; 2. प्राचीन; 3. विकृत; 4. मज़ारों की देखभाल करने एवं उसी से जीविका निर्वाह करनेवाले; 5. विकृत, अस्त-व्यस्त; 6. गर्भ; 7. दुख, मुसीबत, 8. उतरना, प्रकट होना; 9. लटकी हुई; 10. बेचैन; 11. पहले से कुछ सन्तुष्ट; 12. बीमारी; 13. भोला, जिसका ईश्वर पर विश्वास दृढ़ न हो; 14. व्यवस्था; 15. मृतक के लिए क़ुर्आन शरीफ़ का पाठ और भोजन कराना; 16. प्यार; 17. नाक के द्वारा बहने वाला सिनक।

काली कली

जब उसने अपने दुश्मन के सीने में अपना छुरा पैवस्त किया और वह ज़मीन पर ढेर हो गया तो उसके सीने के ज़ख़्म से सुर्ख़-सुर्ख़ लहू का चश्मा फूटने लगा और थोड़ी ही देर में वहाँ लहू की छोटी-सी हौज़िया बन गयी। कातिल पास खड़ा हौज़िया की तामीर[1] देखता रहा। जब लहू का आख़िरी क़तरा सीने के ज़ख़्म से बाहर निकला तो लहू की हौज़िया में मक़तूल[2] की लाश डूब गयी। तब क़ातिल फुर्र से उड़ गया।

थोड़ी देर के बाद नन्हे-नन्हे, परिन्दे, उड़ते चूँ-चूँ करते हौज़िया के पास आये तो उनकी समझ में न आया कि उनका बाप लाल-लाल पानी की ख़ूबसूरत हौज़िया कैसे बन गया।

नीचे हौज़िया की तह में मक़तूल के लहू की आख़िरी बूँद, जो उसने चोरी-चोरी अपने दिल के एक खुफ़िया गोशे[3] में रख ली थी, तड़पने लगी। उसके रक़्स[4] में ज़र्क़-वर्क़ पिशवाज़ों का कोई भड़कीलापन नहीं था। मासूम बच्चे के से चुहल थे। वह उछलकूद रही थी और अपने दिल ही दिल में खुश हो रही थी। उसको इस बात का होश ही नहीं रहा था कि वो चार चिड़ियाँ जो हौज़िया के ऊपर बेक़रारी से फड़फड़ाती और दायरा बनाती उड़ रही हैं, उनके दिल हाँफ रहे हैं, और बहुत मुमकिन है, उनके दिल हाँफते-हाँफते उनके सीनों से उछलकर हौज़िया में गिर पड़ें। मक़तूल की आख़िरी बूँद अपनी ख़ुशी में मस्त थी।

ऊपर उड़ती हुई चिड़ियों में से एक चिड़िया ने, जो शकलो-सूरत के एतबार से चिड़ा मालूम होता था, मक़तूल की आख़िरी बूँद से कहा : 'तुम रो रही हो?' यह कहकर चिड़िया ने अपनी उड़ान हलकी कर दी। फिर तेज़ हवा में लुढ़कते हुए चिड़िया ने अपने नन्हे से नर्मो-नाज़ुक और रेशम जैसे एक पर को अपनी चोंच से फैला करअपनी एक आँख पोंछी। अपनी दूसरी आँख के जलदीप आँसुओं को उसने ऐसे ही नन्हे-से मख़मली पर से सहलाया तो वो फ़ौरन राख बनकर गिर पड़े और हौज़िया में डूबी लाश की सुर्ख़ आँखों में सुरमे की तहरीर बनकर तैरने लगे।

यह तब्दीली देख कर बाकी तीन चिड़ियों ने पलटकर चौथी चिड़िया की तरफ़ देखा और आँखों ही आँखों में उसको सरज़निश[5] की। फिर एकदम सबने अपने

सारे पर समेट लिए और चश्मज़दन में[6] वो सब हौज़िया के अन्दर थीं।

हौज़िया का लाल-लाल पानी एक लहज़े[7] के लिए थरथरा उठा। मक़तूल ने ज़बरदस्ती चिड़ियों की बन्द चोंचों में अपनी बड़ी चोंच से अपने लहू की जाख़िरी मस्त बूँद ज़रा-ज़रा डालने की कोशिश की, जिस तरह माँ-बाप अपने प्यारे बच्चों के हलक़ में चमचों के ज़रिये से दवा टपकाते हैं, मगर चारों चिड़ियों की चोंचें न खुलीं।

वह समझ गया कि इसका क्या मतलब है। उसकी आँखों से उतना ही सफ़ेद पानी बह निकला जितना कि हौज़िया में लाल पानी मौजूद था। क़ातिल उसके वुजूद[8] में लहू की एक बूँद और सफ़ेद पानी छोड़ गया था।

उसने सफ़ेद आँसू बहाने चाहे मगर वो बिलकुल ख़ुश्क थे। एक सिर्फ़ उसकी आँखों की बसारत बाक़ी थी। वह इसी बात पर काने[9] हो गया। उसने देखा कि उसकी हौज़िया के पानी का रंग बदल रहा है। उसके लिए यह बड़ी तकलीफ़देह बात थी। उसने तो सुन रखा था कि क़त्ल के बाद सफ़ेद से सफ़ेद ख़ून भी जीता-जागता सुर्ख़ हो जाता है।

दिन-ब-दिन हौज़िया का पानी नयी रंगत इख़्तियार करने लगा। शुरू-शुरू में तो वह गर्म-गर्म सुर्ख़ क़िरमिज़ी था, फिर उसमें भोसलापन पैदा होने लगा। यह तब्दीली बड़ी सुस्त रफ़्तार थी।

उसने सुना था कि क़ुदरत अटल है और कभी तब्दील नहीं होती। वह सोचता कि यह क़ुदरत कैसी है जो वह अपने अनासिर से तख़लीक़ की हुई चीज़ को टुकड़े-टुकड़े करके अब उसे किसी तसवीरसाज़ की प्लेट बना रही है जिन पर वह एक मरतबा साफ़ और शुध[10] रंग लगाकर उस पर सैकड़ों दूसरे रंगों की तहें चढ़ा देता है और बहुत मसरूर[11] होता है। इसमें मुसर्रतअंगेज़ बात ही क्या है और इस बात के लिए एक बेगुनाह को क़त्ल करवा देना, यह तो और ज़्यादा अजीब है।

मैं अगर अपने क़ातिल की जगह होता तो क्या करता...हाँ क्या करता?

उसे अपने हाथों से नुक़रई[12] तारों वाला हार पहनाता!

ज़रबफ़्त की उसकी अचकन हो, तिल्लेदार दस्तार[13] और वह उस तायरे-ताज़ी[14] पर सवार जिस पर ज़रबफ़्त की झोल हो और वह क़ुदरत बानो को दुल्हन बनाकर घर लाने के लिए रवाना हो जाये, और उसके जिलौ[15] में सिर्फ़ उसके अपने ख़ून के क़तरे हों। वह सोचता, कितनी शानदार सवारी होती जो आज तक किसी को भी नसीब नहीं हुई।

वह एक बहुत ऊँचे दरख़्त पर अपना घोंसला बनाता जिसमें हज्ल-ए-अरूसी को बिठाता। उसका चेहरा हया के बाइस[16], रंग बिरंग के परों के घूँघट की ओट में होता। वह उस नक़ाब को बहुत हौले-हौले उठाता। जूँ-जूँ नक़ाब ऊपर को उठती, उसका दिल नफ़रतो-हिक़ारत से लबरेज़ होता जाता। उसके इंतिक़ामी जज़्बे की

आग और ज़्यादा तेज़ होती जाती, जैसे दुल्हन की नक़ाब के पर उस पर तेल नुचड़ रहे हों, लेकिन वह उन जज़्बों को अपने दिल में वहीं दबा देता जैसे वह मुरझाए हुए फूलों की रूखी-सूखी और बेकैफ़[17] पत्तियाँ हों जिन्हें कई नन्ही-नन्ही नाग सँपोलियों ने फूँकें मार-मारकर डस लिया हो।

शबे-अरूसी[18] में उसने अपनी दुल्हन से बड़ी प्यारी और मुहब्बत भरी बातें की थीं, ऐसी बातें जिनको सुनने के बाद सब परिन्दों ने मुत्तफ़िक़ा तौर पर[19] यह फ़ैसला किया था कि वह ऐसा कलाम है जो अगर फ़रिश्ते और हूरें भी अपने साज़ों पर गायें तो ख़ुद को आजिज़[20] समझें और कि बरबतों के तार झनझना उठें कि वह नग़्मा हमसे क्यों अदा नहीं हो सकता। फिर नाकाम हो कर फ़रिश्तों ने अपने हलक़ में अपनी-अपनी दुल्हनों के सिन्दूर भर लिये थे और मर गये थे। हूरों ने अपने बरबत तोड़ डाले थे और उनके बारीक तारों का फन्दा बनाकर ख़ुदकुशी कर ली थी।

उसको अपने ये अफ़कार[21] बहुत पसन्द आये थे, इसलिए कि वो ग़ैब[22] से आये थे। चुनांचे उसने गाना शुरू किया।

उसका अल्हान वाक़ई इलहामी था। अगर चिड़ियों के हुजूम को वह सिर्फ़ चन्द नग़्मे सुनाता तो वो यक़ीनन बेख़ुदी के आलम में ज़ख़्मी तुयूर[23] के मानिन्द फड़फड़ाने लगतीं और फड़फड़ाते क़ुदरत के अशजार[24] को प्यारी हो जातीं, और अशजार अपने तमाम पत्तों और अपनी कोमल शाख़ों को नोचकर उनकी लाशों पर आराम से रख देते। बाग़ के सारे फूल भी अपनी तमाम पत्तियाँ उन पर निछावर कर देते। खिली और अनखिली कलियाँ भी ख़ुद को उनकी मजमूई[25] तुरबत[26] की आराइश[27] के लिए पेश कर देतीं। फिर तमाम कलियाँ सरनिगूँ[28] हो कर इन्तहाई ग़मनाक सुरों में धीमे-धीमे शहीदों का नौहा गातीं। सातों आसमानों के तमाम फ़रिश्ते अपने-अपने आसमान की खिड़कियाँ खोलकर उस सोग के जश्न का नज़ारा करते और उनकी आँखें आँसुओं से लबरेज़ हो जातीं जो हल्की-हल्की फुवार की सूरत[29] उन ख़ाकी शहीदों की फूलों से लदी-फँदी तुरबत को नमाआलूद कर देते ताकि उसकी ताज़गी देर तक रहे।

सुना है कि यह तुरबत देर तक क़ायम रही।

उधर दूसरे बाग़ में, जो अपनी ख़ूबसूरती के बाइस तमाम दुनिया में बहुत मशहूर था, एक तायर[30] रहता था। उसका नाम था बुलबुल यानी हज़ार दास्तान। वह अपनी ख़ुशअल्हानी और अपने हुस्न पर नाज़ाँ[31], बल्कि यूँ कहिए कि मग़रूर[32] था। बाग़ की हर कली उस पर सौ जान से फ़िदा थी, मगर वह किसी को मुँह नहीं लगाता था।

अगर कभी अज़-राहे-तफ़रीह[33] वह किसी कली पर अपनी मिनकार[34] की ज़र्ब[35] लगाकर उसे क़ुदरत के उसूलों के ख़िलाफ़ पहले ही खोल देता तो उस

ग़रीब का जी बाग़-बाग़ हो जाता, पर वह शादीमर्ग[36] हो जाती। इसके बावजूद दूसरी खिली-अनखिली कलियाँ दिल ही दिल में हसद और रश्क के मारे जलभुनकर राख हो जातीं। और बुलबुल, जैसे उसे कुछ पता न हो, किसी चट्टान की चोटी के सख़्त पत्थर पर हौले से यूँ बैठता कि उस पत्थर को उसका बोझ महसूस न हो। यह इत्मीनान करके कि उस पत्थर ने उसे ख़ंदा पेशानी से क़ुबूल कर लिया है, वह मोम कर देनेवाला एक हुज़्नीया नग़्मा[37] शुरू कर देता। सब फ़र्ते-अदब[38] और तास्सुर के बाइस सरनिगूँ हो जाते।

कलियाँ सोचतीं, क्या वजह है कि वह हमें अपने इल्तिफ़ात[39] से महरूम रखता है। हममें से अकसर जल-जलकर भसम हो गयीं, पर उसको हमारी कुछ परवाह नहीं।

एक सफ़ेद कली अपने शबनमी आँसू पोंछकर कहती : "ऐसा न कहो बहन कि उसको हमारी अदा नापसन्द है।"

काली कली कहती : "तू सफ़ेद झूठ बोलती है...मेरी तरफ़ कभी आँख उठाकर देखे तो दोनों दीदे फोड़ डालूँ!"

कासनी कली को दुख होता : "ऐसा करोगी तो तुम कहाँ रहोगी?"

सफ़ेद कली तंज़िया[40] अन्दाज़ में काली कली की तरफ़ से जवाब देती : "हमारे लिए दुनिया के तमाम बाग़ों के दरवाज़े खुले हैं। हम नीले आसमान के नीचे जहाँ भी हमारा जी चाहे, अपने हसीन ख़ेमे गाड़ सकते हैं।"

काली कली मुस्कुराती और कहती : "सफ़ेद कली ने ठीक कहा है, ख़्वाह तंज़िया अन्दाज़ ही में कहा हो...हम यहाँ के बादशाह हैं।" काली कली की मुस्कुराहट संगे-असवद[41] के छोटे-से काले तरेड़े के मानिन्द खिल जाती।

सफ़ेद कली और ज़्यादा निखर जाती : "हुज़ूर, आप शहंशाह हैं, और हम सब आपकी कनीज़ें।"

एक दिन जब फिर सफ़ेद कली ने कहा कि "हुज़ूर, आप शहंशाह हैं, और हम सब आपकी कनीज़ें" तो काली कली बड़े ज़ोर से काँपी जैसे वह बहुत गुस्से में हो : "मुझे अपने में शामिल न समझो...मुझे इस बात से नफ़रत है।"

जूँ ही काली कली की ज़बान से ये सख़्त अल्फ़ाज़ निकले, सब कलियाँ डर के मारे वहाँ से खिसक गयीं। एक सिर्फ़ काली कली बाक़ी रह गयीं।

काली कली ने आँख उठाकर भी उस चट्टान की तरफ़ न देखा जिसके एक कँगूरे की नोक पर वह अकड़कर खड़ा था। काली कली नीचे उसके क़दमों में थी, अपनी उस बेएतिनाई[42] और रुऊनत[43] के साथ।

हसीनो-जमील बुलबुल को बेएतिनाई और रुऊनत से पहली मरतबा दो-चार होना पड़ा था। उसके वक़ार[44] को सख़्त सदमा पहुँचा। चट्टान से नीचे उतरकर वह हौले-हौले, जैसे टहल रहा हो, काली कली के क़रीब से गुज़रा, गोया वह काली

कली को मौक़ा दे रहा हो कि उसने जो ग़लती की है, उसे वह दुरुस्त कर ले। मगर काली कली ने बुलबुल के फ़य्याज़ाना[45] तोहफ़े को ठुकरा दिया।

इस पर बुलबुल और झुँझलाया और मुड़कर काली कली से मुख़तिब हुआ : "ऐसा मालूम होता है, तुमने मुझे पहचाना नहीं।"

काली कली ने उसकी तरफ़ देखे बग़ैर कहा : "ऐसी तुममें कौन-सी ख़ूबी है जो कोई तुम्हें पहचान ले...तुम एक मामूली परिन्दे हो और तुम जैसें लाखों यहाँ पड़े झक मारते हैं।"

बुलबुल सरापा इज्ज़[46] हो गया : "देखो, मैं इस बाग़ का तमाम हुस्न तुम्हारे क़दमों में ढेर कर सकता हूँ।"

काली कली के होंठों पर काली तंज़िया मुस्कुराहट पैदा हुई : "मैं बेजोड़, बेढब रंगों के मिलाप को हुस्न नहीं कह सकती...हुस्न में यकरंगी और यकआहंगी होना चाहिए।"

"तुम अगर हुक्म दो तो मैं अपनी सुर्ख़ दुम नोचकर तुम्हारे क़दमों में डाल दूँ।"

"तुम्हारी सुर्ख़ दुम के पर सुर्ख़ाब के पर तो नहीं हो जायेंगे...रहने दो अपने पर अपनी दुम में...मेरी मुस्कुराहट देखते रहा करो जो संगे-असवद की तरह काली है और आबनूस की तरह सियाह और चमकीली।"

यह सुन कर बुलबुल और ज़्यादा झुँझला गया और सोचे-समझे बग़ैर काली कली से बग़लगीर हो गया। फिर फ़ौरन ही पीछे हटकर माज़िरत[47] तलब करने लगा : "मुझे माफ़ कर देना, बाग़ की मग़रूरतरीन हसीना!"

काली कली चन्द लम्हात बिलकुल ख़ामोश रही। फिर इसके बाद ऐसा मालूम हुआ कि रात के घुप अँधेरे में अचानक दो दिये जल पड़े हों : "मैं तुम्हारी कनीज़ हूँ प्यारे बुलबुल!"

बुलबुल ने काली कली को चोंच का एक ज़बरदस्त ठोंगा मारा और नफ़रतआमेज़[48] नाउम्मीदी से कहा : "जा, दूर हो जा मेरी नज़रों से, और अपने रंग की सियाही में सारी उम्र अपने दिल की सियाही घोलती रह!"

---

1. निर्माण; 2. वधित; 3. कोना; 4. नृत्य; 5. डाँट-डपट; 6. पलक झपकते में; 7. क्षण; 8. अस्तित्व; 9. सन्तुष्ट; 10. शुद्ध; 11. प्रसन्न; 12. रुपहले; 13. पगड़ी; 14. तेज़ गतिवाला पक्षी; 15. संग; 16. कारण; 17. आनन्दहीन, रसहीन; 18. सुहागरात; 19. एकमत से; 20. अधम, विनम्र; 21. विचार; 22. अदृश्य जगत; 23. पक्षियों; 24. पेड़ों; 25. सामूहिक; 26. समाधि; 27. सजावट; 28. नतमस्तक; 29. तरह; 30. पक्षी; 31. गर्वित; 32. घमण्डी; 33. मनोरंजन के लिए; 34. चोंच; 35. चोट; 36. जो अत्यधिक प्रसन्नता के कारण मर जाये; 37. दर्द भरा गीत; 38. सम्मान भाव की अधिकता; 39. कृपा; 40. व्यंग्यमय; 41. का'बे में रखा काला, पवित्र पत्थर; 42. असम्बद्धता; 43. अभिमान; 44. सम्मान; 45. कृपापूर्ण; 46. सर से पाँव तक विनम्रता; 47. क्षमा; 48. घृणामिश्रित।

सौ कैण्डल पावर का बल्ब

वह चौक में, कैसर पार्क के बाहर, जहाँ चन्द ताँगे खड़े रहते हैं, बिजली के एक खम्बे के साथ ख़ामोश खड़ा था और दिल ही दिल में सोच रहा था : कोई वीरानी-सी वीरानी है...!

यही पार्क, जो सिर्फ़ दो बरस पहले पुररौनक़ जगह थी, अब उजड़ा-पुजड़ा दिखायी दे रहा था, जहाँ पहले औरत और मर्द शोख़ो-शंग[1] फ़ैशन के लिबास में चलते-फिरते थे, वहाँ अब बेहद मैले-कुचैले कपड़ों में लोग इधर-उधर बेमक़सद फिर रहे थे; बाज़ार में काफ़ी भीड़ थी, मगर वह रंग नहीं था, जो कभी वहाँ मेले-ठेले की तरह हुआ करता था; आसपास की सीमेण्ट से बनी हुई बिल्डिंगें भी अपना रूप खो चुकी थीं, सिर झाड़े, मुँह फाड़े वह एक-दूसरे की तरफ़ फटी-फटी आँखों से देख रही थीं, जैसे वह बेवा औरतें हों!

वह हैरान था कि वह ग़ाज़ा[2] कहाँ गया, वह सिन्दूर कहाँ उड़ गया, वह सुर कहाँ ग़ायब हो गये, जो उसने कभी वहाँ देखे और सुने थे?...और यह कोई ज़्यादा अर्से की बात नहीं; अभी वह कल ही तो...दो बरस भी कोई अर्सा होता है भला...वहाँ आया था कलकत्ते से, जब उसे वहाँ की एक फ़र्म ने अच्छी तनख़्वाह पर बुलाया था; उसने कितनी कोशिश की थी कि उसे कैसर पार्क में एक कमरा ही मिल जाये, मगर वह नाकाम रहा था, हज़ार फ़रमाइशों के बावजूद—अब उसने देखा कि जिस कुँजड़े, जुलाहे और मोची की तबीयत चाहती है, फ्लैटों और कमरों पर अपना क़ब्ज़ा जमा रहा है।

जहाँ किसी शानदार फ़िल्म कम्पनी का दफ़्तर होता था, वहाँ चूल्हे सुलग रहे थे; जहाँ कभी शहर की बड़ी-बड़ी रंगीन हस्तियाँ जमा होती थीं, वहाँ धोबी मैले कपड़े धो रहे थे।

दो बरस में इतना बड़ा इन्क़िलाब!

वह हैरान था—वह उस इन्क़िलाब का पसमंज़र[3] जानता था, कुछ अख़बारों के ज़रिये से और कुछ उन दोस्तों के बयान से, जो उस शहर में मौजूद थे; उसे सब पता लग चुका था कि वहाँ कैसा तूफ़ान आया था; वह सोचता था, कोई अजीबो-ग़रीब तूफ़ान होगा, जो इमारतों का रंग-रूप भी चूसकर ले गया; इंसानों ने

इंसान क़त्ल किये, औरतों की वेइज़्ज़ती की, और इमारतों की ख़ुश्क लकड़ियों और बेजान ईंटों से भी यही सुलूक किया; उसने सुना था कि उस तूफ़ान में औरतों को नंगा किया गया था, उनकी छातियाँ काटी गयी थीं—अब जो कुछ भी वह अपने आसपास देख रहा था, सब नंगा और जोबन बुरीदा[4] था।

वह बिजली के खम्बे के साथ लगा अपने एक दोस्त का इन्तज़ार कर रहा था, जिसकी मदद से वह अपनी रिहाइश का कोई बन्दोबस्त करना चाहता था—उसके दोस्त ने कहा था 'तुम कैसर पार्क के पास, जहाँ ताँगे खड़े रहते हैं, मेरा इन्तज़ार करना!'

दो बरस हुए, जब वह मुलाज़िमत[5] के सिलसिले में वहाँ आया था तो ताँगों का वह अड्डा बहुत मशहूर जगह थी : शहर के सबसे उम्दा, सबसे बाँके ताँगे वहीं उसी जगह खड़े रहते थे कि वहाँ से ऐयाशी कर हर सामान मुहैया हो जाता था; अच्छे से अच्छा रेस्तोराँ और होटल क़रीब था; बेहतरीन चाय, बेहतरीन खाना और दूसरे तमाम लवाज़िमात[6] भी मयस्सर थे—शहर के जितने बड़े दल्लाल थे, वहीं से दस्तयाब[7] होते थे कि कैसर पार्क में बड़ी-बड़ी कम्पनियों के बायस रुपया और शराब पानी की तरह बहते थे।

दो बरस पहले उसने वहाँ अपने दोस्त के साथ बड़े ऐश किये थे; अच्छी से अच्छी लड़की हर रात उनकी आग़ोश में होती थी, स्कॉच, जो जंग के बायस नायाब थी, एक मिनट में उसकी दर्जनों बोतलें मुहैया हो जाती थीं।

ताँगे अब भी खड़े थे, मगर उन पर वह कलग़ियाँ नहीं थीं, वह फुँदने नहीं थे, पीतल के पालिश किये हुए साजो-सामान की वह चमक-दमक नहीं थी; सब कुछ शायद दूसरी चीज़ों की तरह उड़ गया था।

उसने घड़ी में वक़्त देखा—सात बज चुके थे।

फरवरी के दिन थे और शाम के साये गहरे हो चुके थे।

उसने दिल ही दिल में अपने दोस्त को लानत-मलामत की—वह दायें हाथ के वीरान होटल में मोरी के पानी से बनी हुई चाय पीने के लिए जाने ही वाला था कि किसी ने हौले-से उसको पुकारा।

उसने ख़्याल किया कि शायद उसका दोस्त आ गया है, मगर जब उसने मुड़कर देखा तो एक अजनबी को खड़ा पाया; आम शक्लो-सूरत, लट्ठे की नयी शलवार, जिसमें और ज़्यादा शिकनों की गुंजाइश नहीं थी और नीली पापलीन की क़मीज़, जो लाण्ड्री में जाने के लिए बेताब थी।

उसने पूछा : "क्यों भई, तुमने मुझे बुलाया?"

उसने हौले से जवाब दिया : "जी हाँ!"

उसने ख़्याल किया कि कोई मुहाजिर[8] है और भीख माँग रहा है : "क्या माँगते हो?"

उसने उसी लहजे में जवाब दिया : "जी कुछ नहीं..." फिर उसने क़रीब आकर कहा : "कुछ चाहिए आपको?"

"क्या?"

"कोई लड़की-वड़की?" यह कहकर वह पीछे हट गया।

उसके सीने में एक तीर-सा लगा—उसने आँखें फाड़कर उसको देखा : इस जमाने में भी यह लोगों के जिंसी[9] जज़्बात टटोलता फिर रहा है—फिर इंसानियत के मुताल्लिक़ ऊपर तले उसके दिमाग़ में बड़े हौसलाशिक़न[10] ख़यालात उभरे; उन्हीं ख़यालात के ज़ेरे-असर[11] उसने पूछा : "कहाँ है?"

उसका लहजा दल्लाल के लिए उम्मीद अफ़ज़ा[12] नहीं था—दल्लाल ने क़दम उठाते हुए कहा : "जी नहीं...आपको ज़रूरत नहीं..."

उसने दल्लाल को रोका : "यह तुमने किस तरह जाना...? आदमी को हर वक़्त उस चीज़ की ज़रूरत होती है, जो तुम मुहैया कर सकते हो...सूली पर भी उस चीज़ की ज़रूरत होती है और जलती चिता में भी...! वह फ़लसफ़ी[13] बनते-बनते रुक गया : "देखो, अगर वह चीज़ कहीं पास ही है तो मैं चलने के लिए तैयार हूँ...मैंने यहाँ एक दोस्त को वक़्त दे रखा है..."

दल्लाल उसके क़रीब आ गया : "पास ही है, बिलकुल पास।"

"कहाँ?"

"यह सामने वाली बिल्डिंग में।"

उसने सामनेवाली बिल्डिंग को देखा : "इसमें...इस बड़ी बिल्डिंग में?"

"जी हाँ!"

वह लरज़ गया : "अच्छा तो..." फिर उसने सँभलकर पूछा : "मैं भी साथ चलूँ?"

"चलिए...लेकिन मैं आगे-आगे चलता हूँ..." दल्लाल ने सामनेवाली बिल्डिंग की तरफ़ बढ़ना शुरू कर दिया।

वह सैकड़ों रूह शिगाफ़[14] बातें सोचता हुआ दल्लाल के पीछे हो लिया।

ज़रा-सा फ़ासिला था; चन्द गज़ परे वह बिल्डिंग थी—दूसरे ही लम्हे दल्लाल और वह उस बिल्डिंग के अन्दर थे।

अन्दर से बिल्डिंग की हालत बहुत खस्ता थी; जगह-जगह ईंटें उखडी हुई थीं; कटे हुए पानी के नल बाहर को निकले हुए थे; हर तरफ़ कूड़े-करकट के ढेर थे।

शाम कब की गहरी हो चुकी थी—ड्योढ़ी में से गुज़रकर वह आगे बढ़े तो अँधेरा शुरू हो गया।

चौड़ा चकला सहन तय करके दल्लाल एक तरफ़ मुड़ा कि जहाँ इमारत बनते-बनते रुक गयी थी, ईंटें नंगी थीं; चूना और सीमेंट मिले हुए सख़्त ढेर पड़े हुए थे; जा-ब-जा बजरी बिखरी हुई थी।

दल्लाल नामुकम्मल सीढ़ियाँ चढ़ते-चढ़ते रुका और मुड़कर उसने कहा : "आप यहीं ठहरिए, मैं अभी आया।"

वह रुक गया और दल्लाल सीढ़ियाँ चढ़ गया—उसने गर्दन उठाकर सीढ़ियों के

इख़्तिताम[15] की तरफ़ देखा तो उसे तेज़ रोशनी नज़र आयी।

लम्हे मिनट बन गये तो वह दबे पाँव सीढ़ियाँ चढ़ने लगा—वह आख़िरी सीढ़ी पर पहुँचा तो उसे दल्लाल की बहुत ज़ोर की कड़क सुनाई दी : "उठती है कि नहीं?"

कोई औरत बोली : "कह जो दिया, मुझे सोने दो।" औरत की आवाज़ घुटी-घुटी-सी थी।

दल्लाल फिर कड़का : "मैं कहता हूँ, उठ...मेरा कहना नहीं मानेगी तो याद रख..."

औरत की आवाज़ आयी : "तू मुझे मार डाल, लेकिन मैं नहीं उठूँगी...ख़ुदा के लिए मेरे हाल पर रहम कर।"

दल्लाल ने पुचकारा : "उठ मेरी जान...ज़िद न कर...गुज़ारा कैसे चलेगा?"

औरत बोली : "गुज़ारा जाये जहन्नम में...मैं भूखी मर जाऊँगी...ख़ुदा के लिए मुझे तंग न कर...मुझे नींद आ रही है।"

दल्लाल की आवाज़ फिर कड़ी हो गई : "तू नहीं उठेगी...हरामज़ादी, सुअर की बच्ची..."

औरत चिल्लाने लगी : "मैं नहीं उठूँगी, नहीं उठूँगी, नहीं उठूँगी..."

दल्लाल की आवाज़ भिंच गई : "आस्ता बोल, आहिस्ता बोल...कोई सुन लेगा...चल उठ, तीस-चालीस रुपये मिल जायेंगे।"

"देख मैं हाथ जोड़ती हूँ...मैं कितने दिनों से जाग रही हूँ...रहम कर, ख़ुदा के लिए मुझ पर रहम कर..." अब औरत की आवाज़ में इल्तिजा[16] थी।

"बस एक-दो घण्टे के लिए...फिर सो जाना...नहीं तो देख, मुझे सख़्ती करनी पड़ेगी।" दल्लाल की आवाज़ आयी।

यकायक ख़ामोशी तारी हो गयी—चन्द लम्हें वह दम साधे आख़िरी सीढ़ी पर खड़ा रहा; फिर उसने दबे पाँव आगे बढ़कर उस कमरे में झाँका, जिस कमरे में से बड़ी तेज़ रौशनी आ रही थी।

उसने देखा कि एक छोटा-सा, तेज़ रौशनी में जगमगाता हुआ, नंगा-बुच्चा कमरा है; फ़र्श पर एक औरत लेटी हुई है; कमरे में दो-तीन बर्तन हैं, बस और कुछ नहीं; दल्लाल दरवाज़े की तरफ़ पीठ किये औरत के पास बैठा औरत के पाँव दाब रहा है।

थोड़ी देर के बाद दल्लाल ने औरत से कहा : "ले अब उठ...क़सम ख़ुदा की, तू एक-दो घण्टे मे आ जायेगी...आकर सो जाना।"

वह औरत एकदम यूँ उठी, जैसे आग देखते ही छछूँदर उठती है, और चिल्लाई : "अच्छा उठती हूँ।"

वह पीछे हट गया; उस लम्हे वह डर गया था; फिर वह दबे पाँव सीढ़ियाँ उतर गया।

उसने सोचा कि भाग जाये, इस शहर ही से भाग जाये; इस दुनिया ही से भाग

जाये; मगर कहाँ?

फिर उसने सोचा कि वह औरत कौन है; क्यों उस पर इतना ज़ुल्म हो रहा है?

और वह दल्लाल कौन है; उस औरत का क्या लगता है?

वह उस छोटे-से कमरे में इतना बड़ा बल्ब जलाकर, जो सौ कैंडल पावर से किसी भी तरह कम नहीं है, क्यों रहते हैं, कब से रहते हैं?

उसके दिमाग़ में सोच और उसकी आँखों में उस तेज़ बल्ब की रौशनी घुसी हुई थी।

इतनी तेज़ रौशनी में कौन सो सकता है; इतना बड़ा बल्ब?

वह अभी अपनी सोच में गुम था कि आहट हुई—उसने देखा, दो साये उसके पास खड़े हैं।

"देख लीजिए..." दल्लाल के साये ने कहा।

उसने कहा : "देख लिया..."

"ठीक है ना?"

"ठीक है!"

"चालीस रुपये होंगे?"

"ठीक है!"

"दे दीजिए।"

वह सोचने-समझने के क़ाबिल न रहा था—उसने जेब में हाथ डाला, कुछ नोट निकाले और दल्लाल के हवाले कर दिये : "देख लो कितने हैं!"

पहले नोटों की खड़खड़ाहट हुई : फिर दल्लाल ने कहा : "पचास हैं।"

उसने कहा : "पचास ही रखो..." उसके जी में आयी कि वह एक बहुत बड़ा पत्थर उठाये और दल्लाल के सिर पर दे मारे।

दल्लाल ने कहा : "तो ले जाइये इसे...लेकिन देखिए, इसे तंग न कीजियेगा और एक-दो घण्टे के बाद यहीं छोड़ जाइयेगा।"

वह उस बड़ी बिल्डिंग से बाहर आ गया।

बाहर एक ताँगा खड़ा था—वह आगे बैठ गया और वह औरत पीछे।

दल्लाल ने सलाम किया—एक बार फिर उसके जी में आयी कि वह एक बहुत बड़ा पत्थर उठाए और दलाल के सिर पर दे मारे।

वह उस औरत को पास ही के एक वीरान-से होटल में ले गया।

उसने अपने दिमाग़ को साफ़ करने की कोशिश की और उस औरत की तरफ़ देखा—वह औरत सिर से पैर तक उजाड़ थी, उसके पपोटे सूजे हुए थे; आँखें झुकी हुई थीं, उसका ऊपर का धड़ सारे का सारा ख़मीदा[17] था, जैसे वह एक ऐसी ख़स्ता इमारत हो, जो पल भर में गिरनेवाली हो!

उसने कहा : "ज़रा गर्दन तो ऊँची कीजिए।"

वह ज़ोर से चौंकी : "क्या?"

"कुछ नहीं...मैंने सिर्फ़ इतना कहा था कि कोई बात तो कीजिए।"

उसकी आँखें सुर्ख़ बोटी हो रही थीं, जैसे उनमें मिर्चें डाली गयी हों—वह ख़ामोश रही।

"आपका नाम?" उसने पूछा।

"कुछ भी नहीं...!" उसके लह्जे में तेज़ाब की-सी तेज़ी थी।

"आप कहाँ की रहनेवाली हैं?"

"जहाँ की भी तुम समझ लो।"

"आप इतना रूखा क्यों बोलती हैं?"

वह औरत जैसे जाग पड़ी—उसकी तरफ़ लाल बोटी आँखों से देखते हुए उसने कहा : "तुम अपना काम करो...मुझे जाना है।"

उसने पूछा : "कहाँ जाना है?"

औरत ने बड़ी रूखी बेएतिनाई[18] से जवाब दिया : "जहाँ से तुम मुझे लाये हो!"

"आप जाना चाहें तो जा सकती हैं।"

"तुम अपना काम करो ना...मुझे तंग क्यों करते हो?"

उसने अपने लहजे में दिल का सारा दर्द भरकर कहा : "मैं तुम्हें तंग नहीं करता...मुझे तुमसे हमदर्दी है..."

वह झल्ला गयी : "मुझे नहीं चाहिए कोई हमदर्द..." फिर वह क़रीब-क़रीब चीख़ पड़ी : "तुम अपना काम ख़त्म करो और मुझे जाने दो।"

उसने क़रीब आकर उस औरत के सिर पर हाथ फेरना चाहा तो उस औरत ने उसका हाथ ज़ोर से एक तरफ़ झटक दिया : "मैं कहती हूँ, मुझे तंग न करो...मैं कई दिनों से जाग रही हूँ...जब से यहाँ आयी हूँ, जाग रही हूँ..."

वह सर-ता-पा[19] हमदर्द बना गया : "सो जाओ यहीं।"

औरत की आँखें और सुर्ख़ हो गईं, वह तेज़ लहजे में बोली : "मैं यहाँ सोने नहीं आयी...यह मेरा घर नहीं..."

"तुम्हारा घर वह है, जहाँ से तुम आयी हो?"

"उफ़...बकवास बन्द करो...मेरा कोई घर नहीं...तुम अपना काम करो, वरना मुझे छोड़ आओ...अपने रुपये ले लो उस...उस..." वह गाली देती-देती रह गयी।

उसने सोचा कि इस औरत से इस हालत में कुछ पूछना और हमदर्दी जताना फ़ुज़ूल है। उसने कहा : "चलो, तुम्हें छोड़ आऊँ।"

और वह उस औरत को उस बड़ी बिल्डिंग में छोड़ आया।

दूसरे दिन उसने कैसर पार्क के एक वीरान होटल में उस औरत की सारी दास्तान

अपने दोस्त को सुनाई—उसके दोस्त पर रिक़्क़त[20] तारी हो गयी; उसने अफ़सोस का इज़हार किया और पूछा : "क्या जवान थी?"

उसने कहा : "मुझे मालूम नहीं...मैं उसे अच्छी तरह देख न सका था...मेरे दिमाग़ में तो एक ही ख़्याल था कि पत्थर उठाकर दल्लाल का सिर क्यों न कुचल दिया?"

उसके दोस्त ने कहा : "वाक़ई यह बड़े सवाब का काम होता!"

वह ज़्यादा देर तक होटल में अपने दोस्त के साथ न बैठ सका; उसके दिलो-दिमाग पर पिछले रोज़ के वाक़िये का बहुत बोझ था, चाय ख़त्म हुई तो वह रुख़सत हो गया।

उसका दोस्त ताँगों के अड्डे पर आया; थोड़ी देर तक उसकी निगाहें उस दल्लाल को ढूँढ़ती रहीं, मगर वह दलाल कहीं नज़र न आया।

सात बज चुके थे—वह बड़ी बिल्डिंग सामने थी, ज़र-से फ़ासिले पर—उसने चन्द क़दम उठाए और बिल्डिंग में दाख़िल हो गया, ड्योढ़ी में से गुज़रकर वह आगे बढ़ा तो काफी अँधेरा था; सहन तय करके सीढ़ियों के पास पहुँचा तो ऊपर उसे रोशनी दिखायी दी; वह दबे पाँव सीढ़ियाँ चढ़ने लगा; कुछ देर वह आख़िरी सीढ़ी पर खड़ा रहा—कमरे से तेज़ रोशनी आ रही थी, मगर न कोई आवाज़ थी, न आहट—उसने धीरे-से क़दम बढ़ाये।

दीवार की ओट में हो कर वह कमरे के अन्दर झाँका—सबसे पहले उसे बल्ब नज़र आया, तेज़ रोशनी उसकी आँखों में घुस गयी; उसने फ़ौरन ही मुँह फेर लिया कि अँधेरे की तरफ़ मुँह करके अपनी आँखों में से तेज़ रोशनी की चकाचौंध निकाल सके—फिर उसने गर्दन झुकाकर कमरे में झाँका कि उसकी आँखें बल्ब की ज़द में न आयें, फ़र्श का जो हिस्सा उसने पहली नज़र में देखा, वहाँ चटाई पर एक औरत लेटी हुई थी—उसने ग़ौर से देखा : वह औरत सो रही थी, उसके मुँह पर दुपट्टा पड़ा हुआ था; उसका सीना साँस के उतार-चढ़ाव से हिल रहा था—वह ज़रा आगे बढ़ा; उसने बड़ी मुश्किल से निकलती हुई चीख़ दबाई : उस औरत से कुछ दूर नंगे फ़र्श पर एक आदमी पड़ा हुआ था : उस आदमी का सिर पाश-पाश था : पास ही एक ख़ून आलूदा ईंट पड़ी हुई थी—वह सब उसने देखा और सीढ़ियों की तरफ़ लपका, उसका पाँव फिसला और अगले ही लम्हे वह नीचे था; उसने चोटों की कोई परवाह न की और अपने होशो-हवास क़ायम रखने की कोशिश करते हुए बमुश्किल अपने घर पहुँचा और सारी रात डरावने ख़्वाब देखता रहा।

---

1. रंगीन और सुन्दर; 2. पाउडर; 3. पृष्ठभूमि; 4. कटा हुआ; 5. नौकरी; 6. किसी कार्य से सम्बन्धित वस्तुएँ; 7. उपलब्ध; 8. शरणार्थी; 9. काम सम्बन्धी; 10. हौसला तोड़नेवाले; 11. प्रभाव में; 12. आशाप्रद; 13. दार्शनिक; 14. हृदय विदारक; 15. आख़िर; 16. प्रार्थना; 17. झुका हुआ; 18. उपेक्षा; 19. सिर से पैर तक; 20. रुलाई।

शो शो

घर में बड़ी चहल-पहल थी। तमाम कमरे लड़के, लड़कियों, बच्चे-बच्चियों और औरतों से भरे थे और वह शोर-बरपा हो रहा था कि कान पड़ी आवाज़ सुनायी न देती थी। अगर इस कमरे में दो-तीन बच्चे अपनी माओं से लिपटे दूध पीने के लिए बिलबिला रहे हैं तो दूसरे कमरे में छोटी-छोटी लड़कियाँ ढोलकी लिये बेसुरी तानें उड़ा रही हैं। न ताल की ख़बर है न लय की। बस गाये जा रही हैं। नीचे डेवढ़ी से ले कर बालाई मंज़िल के शहनशीनों तक मकान मेहमानों से खचाखच भरा था। क्यों न हो। एक मकान में दो ब्याह रचे थे। मेरे दोनों भाई अपनी चाँद-सी दुल्हनें ब्याह कर लाये थे।

रात के ग्यारह बजे के लगभग दोनों डोलियाँ आयीं और गली में इस क़दर शोर बरपा हुआ कि अलअमान। मगर वह नज़ारा बड़ा रूह-अफ़ज़ा था। जब गली की सब शौख़-ओ-शंग लड़कियाँ बाहर निकल आयीं और तीतरयों की तरह इधर-उधर फड़फड़ाने लगीं।

साड़ियों की रेशमी सरसराहट, कलफ़ लगी शलवारों की खड़खड़ाहट और चूड़ियों की खनखनाहट हवा में तैरने लगी। तमतमाते हुए मुखड़ों पर बार-बार गिरती हुई लटें। नन्हे-नन्हे सीनों पर ज़ोर देकर निकाली हुई बुलन्द आवाज़ें, ऊँची एड़ी के बूटों पर थिरकती हुई टाँगें, लचकती हुई उँगलियाँ धड़कते हुए लहजे, फड़कती हुई रगें और फिर उन अल्हड़ लड़कियों की आपस में सरगोशियाँ।...ये सब कुछ देख कर ऐसा लगता है कि गली के पथरीले फ़र्श पर हुस्न-ओ-शबाब अपने कलम से अपने मायने लिख रहा है।

अब्बास मेरे पास खड़ा था। हम दोनों औरतों के हुजूम में घिरे थे। दफ़अतन अब्बास ने गली के नुक्कड़ पर नज़रें गाड़कर कहा, "शो-शो कहाँ है?"

मैंने जवाब दिया, "मुझे इस वक़्त तुम्हारे सवाल का जवाब देने की फ़ुर्सत नहीं है।"

मैं उस हुजूम में उस भौंरे के मानिन्द खड़ा था जो फूलों भरी क्यारी देख कर यह फ़ैसला नहीं कर सकता कि किस फूल पर बैठे।

'अब्बास' ने रोनी आवाज़ में कहा, "वह नहीं आयी।"

"तो क्या हुआ...बाक़ी तो सब मौजूद है...अरे...देखो तो वह नीली साड़ी में कौन है?...शो-शो।" मैंने अब्बास का हाथ दबाया।

अब्बास ने ग़ौर से देखा, "नीली साड़ी में...". ये कहकर उसने अपने मख़सूस अन्दाज़ में मेरी तरफ़ कहर-आलूद निगाहों से देख कर कहा, "एलाज कराओ अपनी आँखों का...चुग़द कहीं के, यह शो-शो है?"

"क्यों वह नहीं है क्या?" मैंने फिर नीली साड़ी की तरफ़ ग़ौर से देखा और ऐसा करते हुए मेरी निगाहें एकाएकी उस लड़की की निगाहों से टकरायीं। कुछ इस तौर पर कि उसको एक धक्का-सा लगा। वह सँभली और फ़ौरन ही मुँह से लाल जीभ निकाल कर मेरा मुँह चिढ़ाया। अपनी सहेली के कान में कुछ कहा... उस सहेली ने कनखियों से मेरी तरफ़ देखा...मेरे माथे पर पसीना आ गया।

अब्बास ने जो अपने इत्मीनान करने के लिए एक बार फिर उसकी तरफ़ देख रहा था। बुलन्द आवाज़ में कहा, "बख़ुदा तुम उसकी तौहीन कर रहे हो...गधे कहीं के...औरत के मामले में निरे अहमक़ हो...काठ की कोई पुतली नीले रंग में लपेट-लपाटकर तुम्हारे सामने रख दी जाये, तुम उसी की बलायें लेना शुरू कर दोगे।"

ये अल्फ़ाज़ इतनी ऊँची आवाज़ में अदा किये गये थे कि उस नीली साड़ी वाली ने सुन लिए। जब वह हमारे पास से गुज़रने लगी तो ख़ुद-ब-ख़ुद ठिठक गयी। एक लहज़े के लिए उसके क़दम रुके। गोया हम में से किसी ने उसे मुख़ातिब किया है। फिर फ़ौरन ही उसको अपनी ग़लती का एहसास हुआ और उस एहसास की पैदा की हुई ख़िफ़्फ़त दूर करने के लिए उसने यूँ ही पीछे मुड़कर देखा और कहा..."अरे अमीना तू कहाँ उड़ गयी?"

मुझे मौक़ा मिला। मैंने झट से अब्बास का हाथ अपने हाथ में ले लिया और उसे अच्छी तरह दबाकर उससे कहा, "आपसे मिलकर मुझे बहुत खुशी हासिल हुई मगर मेरा नाम मुहम्मद अमीन है...मुझे नीलकंठ भी कहते हैं।"

जल ही तो गयी, मगर ज़ेर-ए-लब मुस्कराते हुए आगे बढ़ गये। चन्द ही क़दम चले होंगे कि अब्बास ने इज़तिराब-भरे लहजे में कहा, "शो-शो अभी तक नहीं आयी।"

"तो मैं क्या करूँ...मेरे सिर पर नमदा बाँध दीजिये तो मैं अभी सरकार के लिए उसे तलाश करके ले आता हूँ...आख़िर यह क्या हिमाक़त है भई। तुम तमाशा भी देखने दोगे या कि नहीं?...और फिर जनाब ये तो बताइये, अगर वह यहाँ मौजूद भी हो तो आप उससे मुलाक़ात क्यों कर सकते हैं...आप कोई अमरीकी नॉविल नहीं पढ़ रहे, कोई ख़्वाब तो नहीं देख रहे।"

अब्बास मेरी बात फ़ौरन समझ गया। वह इतना बेवकूफ़ नहीं था। चुनांचे

हम दोनों आहिस्ता-आहिस्ता क़दम उठाये गली से निकलकर बाज़ार में चले गये। मोड़ पर राम भरोसे पटवारी की दुकान खुली थी जो बिजली के कुमकुमे के नीचे सिर झुकाये ऊँघ रहा था। हमने उससे दो पान बनवाये और वहीं बाज़ार में कुर्सियों पर बैठकर बातें करने में मशग़ूल हो गये। देर तक हम हिन्दोस्तान में मर्द-औरत के दरमियान जो अजनब्बियत चली आ रही है उसके बारे में गुफ़्तगू करते रहे। जब एक बज गया तो अब्बास जम्हाई ले कर उठा और कहने लगा, "भई अब नींद आ रही है—इस हसरत को साथ लिए जा रहा हूँ कि शो-शो को न देख सका। सच कहता हूँ 'अमीन' वह लड़की...मैं अब तुम्हें क्या बताऊँ कि वह क्या है?"

अब्बास ने अपने घर का रुख़ किया और मैंने अपने घर का। रास्ते में सोचता रहा कि अब्बास ने शो-शो जैसी मामूली लड़की में ऐसी कौन-सी ग़ैर मामूली चीज़ देखी है जो हर वक़्त उसी का ज़िक्र करता रहता है। अब्बास के मज़ाक़ के मुतालिक़ मैं यक़ीन के साथ कह सकता हूँ कि बड़ा ऊँचा है। मगर यहाँ उसे क्या हो गया था?...'शो-शो'...शो-शो...अरे ये क्या?...दो-तीन बार उस का नाम मेरी ज़बान पर आया तो मैंने यूँ महसूस किया कि पिपरमिण्ट की गोलियाँ चूस रहा हूँ।...शो-शो...एक दो मर्तबा आप भी इसे दोहराइये। ज़रा जल्दी-जल्दी...क्या आपको लज्ज़त महसूस हुई?...ज़रूर हुई होगी। मगर क्यों?...समझ में नहीं आता था कि मैं अब्बास की महबूबा शोशो के बारे में ख़्वामख़्वाह क्यों ग़ौर करने लगा हूँ? उसमें कोई ऐसी चीज़ है ही नहीं जो ग़ौर अफ़रोज़ हो मगर...मगर...ये शो-शो नाम में दिलचस्पी ज़रूर थी और क्या कहा था मैंने, लज़्ज़त भी।"

शो-शो में बिजली के थिरकते हुए तारों की झंकार सी पायी जाती है। आप यह नाम पुकारिये तो ऐसा मालूम होगा कि आपने किसी साज़ के तने हुए तारों पर ज़ोर से गज़ फेर दिया है।

शो-शो...में सुशीला का दूसरा नाम है यानी उसकी बिगड़ी हुई शक्ल। मगर इसके बावजूद उसमें कितनी मौसीकी है...सुशीला...शो-शो...शो-शो...सुशीला... ग़लत...सुशीला में शो-शो की-सी मौसीक़ियत हर्गिज नहीं हो सकती।

फिरंगी शायर बायरन शकील था। मगर उसमें वह कौन सी शय थी जो औरतों के सीने में हैजान बरपा कर देती थी?...उसका लँगड़ा कर चलना। ग्रेटा गार्बो क़तअन खुश-शक्ल नहीं है मगर उसमें कौन-सी चीज़ है जो फिल्मी तमाशाइयों पर जादू का काम करती है?—उसका ज़रा बिगड़े हुए अंग्रेज़ी लहजे में बातें करना...ये क्या बात है कि बाज़ अवकात अच्छी भली शय को बिगाड़ने से उसमें हुस्न पैदा हो जाता है?...

सुशीला पन्द्रह-सोलह बरस की एक मामूली लड़की है जो हमारे पड़ोस में रहती है। इस उम्र में वह उन तमाम चीज़ों की मालिक है जो आम नौजवानों के सीने में हलचल पैदा करने के लिए काफी होती हैं। मगर अब्बास की नज़रों में ये

कोई ख़ूबी न थी। आम नौजवानों की तरह अब्बास का दिल घास की पत्ती की मानिन्द नहीं था जो हवा के हल्के से झोके के साथ ही काँपना शुरू कर देती है...ख़ुदा जाने वह उसकी किस अदा पर मरता था जो मेरे ज़ेहन से बालातर थी।

मैंने सुशीला की शक्ल-ओ सूरत और उसकी सन्नाआना क़द-ओ-क़ीमत के मुताल्लिक़ कभी ग़ौर नहीं किया था। मगर न जाने मैं उस रोज़ उसके मुताल्लिक क्यों सोचता रहा। बार-बार वह मेरे ज़ेहन में आ रही थी और हर बार मैं सुशीला को छोड़ कर उसके मुख़्तसर नाम शो-शो की मौसीकी में गुम हो जाता था। इन्हीं ख़्यालात में ग़र्क गली के मोड़ पर पहुँच गया और मुझे इस चीज़ का एहसास उस वक़्त हुआ जब मैंने दफ़अतन वहाँ की फ़ज़ा की ग़ैरमामूली तौर पर ख़ामोश पाया। मकान मेरी नज़रों के सामने था। उसके बाहर गली की दीवार के साथ एक बर्की कुमकुमा लटक रहा था। जिसकी चौंधिया देने वाली रोशनी सारी गली में बिखरी हुई थी...मुझे उस कुमकुमे के "तजर्रूद" पर बड़ा तरस आया। गली बिलकुल सुनसान थी और वह कुमकुमा मुतहय्यर-सा मालूम होता था।

घर में दाख़िल हुआ तो वहाँ भी ख़ामोशी थी। अलबत्ता कभी-कभार किसी बच्चे के रोने की लरज़ां सदा और फिर साथ ही उसकी माँ की ख़्वाब-आलूद आवाज़ सुनायी देती थी। डेवढ़ी के साथ वाला कमरा खोलकर मैं सोफ़े पर बैठ गया। पास ही तिपायी पर "रोमान" पड़ा था। उसको उठाकर मैंने वरक़-गर्दानी शुरू की। वरक उलटते-उलटते अख़्तर की ग़ज़ल पर नज़रें जम गयीं। मतलअ किस क़दर हसीन था...

न भूलेगा तेरा रातों को शर्माते हुए आना
रसीली अँखड़ियों से नींद बरसाते हुए आना

मुझे नींद आ गयी। क्लॉक की तरफ़ देखा तो छोटी सुई दो के हिन्दसे के पास पहुँच चुकी थी और उसका एलान करने के लिए अलार्म में इरतिआश पैदा हो रहा था—टन-टन-टन...टन-टन-टन...न।

"दो बज गये"...मैं उठा और सोने के इरादे से सीढ़ियाँ तय करके अपनी ख़्वाब गाह में पहुँचा। बहार के दिन थे और मौसम ख़ुनक़। मेरी ख़्वाबगाह की एक खिड़की बाहर गली की तरफ़ खुलती है, जिसके प्याज़ी रँग के रेशमी पर्दे में हवा के हल्के-हल्के झोंके बड़ी प्यारी लहरें पैदा कर रहे थे।

मैंने शब-ख़्वाबी का लिबास पहिना और सब्ज़ रंग का कुमकुमा रोशन करके बिस्तर पर लेट गया।

मेरी पलकें आपस में मिलने लगीं। ऐसा महसूस होने लगा कि मैं धुंकी हुई रूई के बहुत बड़े अम्बार में धँसा जा रहा हूँ। नींद और बेदारी के दरमियान सिर्फ़ एक लहज़ा बाकी रह गया था कि अचानक मेरे कानों में किसी के बोलने की गुनगुनाहट आयी। इस पर हिलती हुई पलकें खुल गयीं और मैंने गुनूदगी दूर करते

हुए ग़ौर से सुनना शुरू किया। साथ वाले कमरे में कोई बोल रहा था। यकायक किसी की दिलकश हँसी की मुतरिन्निम आवाज़ बुलन्द हुई और फुलझड़ी के नूरानी तारों के मानिन्द पुर-सुकूत फ़ज़ा में बिखर गयी।

मैं बिस्तर पर से उठा और दरवाज़े के साथ कान लगाकर खड़ा हो गया।

"दोनों दुल्हनें माशा अल्लाह बड़ी ख़ूबसूरत हैं।"

"चन्द-ए-आफ़ताब, चन्द-ए-माहताब।"

ग़ालिबन दो लड़कियाँ आपस में बातें कर रही थीं। उन के मौजूआ ने मेरी दिलचस्पी को बढ़ा दिया और मैंने ज़्यादा ग़ौर से सुनना शुरू किया।

तिले वाली सुर्ख़ साड़ी में नर्गिस कितनी भली मालूम होती थी...गोरे-गोरे गालों पर बिखरी हुई मुकीश...जी चाहता था बढ़कर बलायें ले लूँ।"

"बेचारी सिमटी जा रही थी।"

"सिर तो उठाया ही नहीं उसने...पर..."

"पर ये शर्म-ओ-हया कब तक रहेगी...आज रात..."

"आज रात... ।"

"उर्दू अल्लाह...तू कैसी बातें कर रही हैं शो-शो।" इसके साथ ही कपड़े की सरसराहट सुनायी दी। मेरे जिस्म में बिजली-सी दौड़ गयी—'शो-शो'...तो उनमें से एक सुशीला थी। मेरी दिलचस्पी और भी बढ़ गयी और मैंने दरवाज़े में कोई दरार तलाश करना शुरू की कि उनकी गुफ़्तगू सुनने के साथ-साथ उनको देख भी सकूँ।

एक किवाड़ के निचले तख़्ते से छोटी-सी गाँठ निकल गयी थी और इस तरह चवन्नी के बराबर सुराख़ पैदा हो गया था। घुटनों के बल बैठकर मैंने उस पर आँख जमा दी।

'शो-शो' कालीन पर बैठी बिस्किटी रंग की साड़ी से अपनी नंगी पिण्डली को ढाँक रही थी। उसके पास इफ़्फ़त शर्मायी हुई-सी गावतकिये पर दोनों कोहनियाँ टेके लेटी थी।

"इस वक़्त उन गोरी-चिट्टी दुल्हनों पर क्या बीत रही होगी?" शो-शो ये कहकर रुक गयी और अपनी आवाज़ दबाकर उसने इफ़्फत की चूड़ियों को छेड़कर उनमें खनखनाहट पैदा करते हुए कहा, "ज़रा सोचो तो?"

इफ़्फ़त के गाल एक लम्हे के लिए थरथराये। "कैसी बहकी-बहकी बातें कर रही हो शो-शो।"

"जी हाँ...गोया इन बातों से दिलचस्पी ही नहीं मेरी बन्नों को। बस में हो तो अभी से अपनी शादी रचा लो।"

इफ़्फ़त ने सुशीला की बात काट दी, "पर ये दुल्हनों को कहाँ ले गये हैं शो-शो?"

"कहाँ ले गये हैं? शो-शो मुस्करायी।" समन्दर की तह में जहाँ जलपरियों का राज है—कोहक़ाफ़ के गारों में जहाँ सींगों वाले जिन रहते है—।"

चन्द लम्हात के लिए एक पुर असरार सुकूत तारी रहा। इसके बाद शो-शो फिर बोली, "कहाँ ले गये हैं?...ले गये होंगे अपने-अपने कमरों में?"

"बेचारियों को नींद कैसे आयेगी?" एक लड़की ने जो अभी तक ख़ामोश बैठी थी और जिसका नाम मैं नहीं जानता था अपना अन्देशा बयान किया।

शो-शो कहने लगी, "बेचारियाँ।...कोई ज़रा उनके दिल से जा कर पूछे कि उनकी आँखें इस रतजगे के लिए कितनी बेक़रार थीं।"

"तो बहुत खुश होंगी?"

"और क्या?"

"पर मैंने सुना है कि ये लोग बहुत सताया करते हैं?" इफ़्फ़त सुशीला के पास सरक आयी।

"मैं पूछती हूँ, तुम्हें अन्देशा किस बात का हो रहा है?...जहाँ तुम्हारे वह सताने लगेंगे तो न सताने देना उन्हें...हाथ-पैर बाँध देना उनके...अभी से फिक्र में क्यों घुली जा रही हो।"

"हाये-हाये।" इफ़्फ़त ने तेज़ी से कहा, "तुम कैसी बातें कर रही हो शो-शो। देखो तो मेरा दिल कितने ज़ोर से धड़कने लगा है।" इफ़्फ़त ने सुशीला का हाथ उठाकर अपने दिल के मकाम पर रख दिया। "क्यों?"

शो-शो ने इफ़्फ़त के दिल की धड़कनें ग़ौर से सुनीं और बड़े पुर असरार लहज़े में कहा, "जानती हो क्या कह रहा है?"

इफ़्फ़त ने जवाब दिया, "नहीं तो?"

"ये कहता है इफ़्फ़त बनो ग़ज़नवी दुल्हन बनना चाहती है।..."

"हटाओ जी, लाज तो नहीं आती तुम्हें।" इफ़्फ़त ने मुस्कराकर करवट बदली। "दिल अपना चाहता है तुम्हारा और ख़्वाम-ख़्वाह ये सब कुछ मेरे सिर मढ़ रही हो।" फिर यकायक उठ खड़ी हुई और सुशीला से पूछने लगी "हाँ, ये तो बताओ शो-शो तुम भला कैसे आदमी से शादी करना पसन्द करोगी?—मेरे सिर की क़सम सच-सच बताओ, मुझी को हाय-हाय करो, अगर झूठ बोलो।"

"मैं क्यों बताऊँ।" ये कहकर सुशीला ने तेज़ी से अपने सिर को हरकत दी और उसका चेहरा निगाहों से पोशीदा था, सामने आ गया। मैंने ग़ौर से देखा, वह बेहद हसीन मालूम हुई। आँखें मस्त थीं और होंट तलवार के ताज़ा ज़ख़्म के मानिन्द खुले हुए थे। सिर के चन्द परेशान बाल बर्की रोशनी से मुनव्वर फ़ज़ा में नाच रहे थे। चेहरे का गन्दमी रंग निखरा हुआ था और सीना जिस पर से साड़ी का पल्लू नीचे ढलक गया था, हौले-हौले धड़क रहा था। चौड़े माथे पर सुर्ख़ बिन्दिया बड़ी प्यारी मालूम होती थी।

इफ़्फ़त ने इसरार किया, "तुम्हें मेरे सिर की क़सम बताओ।"

शो-शो ने कहा, "पहले तुम बताओ।"

"तो सुनो, मगर किसी से कहोगी तो नहीं।" ये कहकर इफ़्फ़त कुछ शर्मा-सी गयी। "मैं चाहती हूँ...मैं चाहती हूँ कि मेरी शादी एक ऐसे नौजवान से हो... ऐसे..."

शो-शो बोली, "तौबा अब कह भी दो।"

इफ़्फ़त ने पेशानी पर से बाल हटाये और कहा, "हाँ ऐसे नौजवान से हो, जिसका क़द लम्बा हो, जिस्म बड़े भाई की तरह सुडौल हो इंग्लैंड पलट हो। अंग्रेज़ी फ़र-फ़र बोलता हो—रंग गोरा और नक़्श तीखे हों। मोटर चलाना जानता हो और बैड-मिण्टन भी खेलता हो।"

"हाँ।" इफ़्फ़त ने नीम वा लबों से सुशीला की तरफ़ ग़ौर से देखना शुरू किया।

"मेरी दुआ है कि परमात्मा तुम्हें ऐसा ही पति अता फरमायें।"

सुशीला का चेहरा बड़ा संजीदा था और लहज़ा ऐसा था जैसे मन्दिर में कोई मुकद्दर मन्तर पढ़ रही है।

वह लड़की जो इस गुफ़्तगू में बहुत कम हिस्सा लेती थी बोली, "इफ़्फ़त! अब शो-शो की बारी है।"

इफ़्फ़त जो शो-शो की साड़ी का एक किनारा पकड़कर अपनी उँगली के गिर्द लपेट रही थी कहने लगी, "भई अब तुम बताओ, हमने तो अपने दिल की बात तुम से कह दी।"

शो-शो ने जवाब दिया, "सुन के क्या करोगी?...मेरे ख़्यालात तुम से बिलकुल मुख़्तलिफ़ हैं।"

"मुख़्तलिफ़ा हों या मिलते हों, पर हम सुने बग़ैर तुम्हें नहीं छोड़ेंगे।"

"मैं..." सुशीला ने छत की तरफ़ देखा और कुछ देर ख़ामोश रहने के बाद कहने लगी, "मैं...पर तुम मज़ाक़ उड़ाओगी 'इफ़्फ़त।' "

"अरे...तुम सुनाओ तो?"

सुशीला ने एक आह भरी। "मेरे सपने अजीब-ओ-ग़रीब हैं इफ़्फ़त...ये मेरे दाग़ में साबुन के रंग बिरंगी बुलबुलों की तरह पैदा होते हैं और आँखों के सामने नाच कर ग़ायब हो जाते हैं...मैं सोचती हूँ...और फिर सोचती हूँ कि मैं क्यों सोचा करती हूँ। इंसान जो कुछ चाहता है अगर हो जाया करे तो कितनी अच्छी बात है...लेकिन फिर ज़िन्दगी में क्या रह जायेगा...ख़्वाहिशें और तमन्नायें कहाँ से पैदा होंगी...हम जिस तरह जी रहे हैं, ठीक है...जानती हूँ कि जो कुछ माँग रही हूँ, नहीं मिलेगा, मगर दिल में माँग तो रहेगी...क्या ज़िन्दा रहने के लिए यही काफ़ी नहीं?"

इफ़्फ़त और दूसरी लड़की ख़ामोश बैठी थीं।

शो-शो ने फिर कहना शुरू किया, "मैं अपना जीवन साथी एक ऐसे नौजवान को बनाना चाहती हूँ जो सिर्फ़ उम्र के लिहाज़ ही से जवान न हो बल्कि उसका दिल, उसका दिमाग़...उसका रुवाँ-रुवाँ जवान हो...वह शायर हो...मैं शक्ल-ओ-सूरत की क़ायल नहीं...मुझे शायर चाहिए जो मेरी मुहब्बत में गिरफ़्तार हो कर सिर-ता-पा मुहब्बत बन जाये। जिसको मेरी हर बात में हुस्न नज़र आये...जिसके हर शेर में मेरी और सिर्फ़ मेरी तस्वीर हो...जो मेरी मुहब्बत की गहराइयों में गुम हो जाये...मैं उसे उन तमाम चीज़ों के बदले में निस्वानियत का तोहफ़ा दूँगी। जो आज तक कोई औरत नहीं दे सकी।"

वह ख़ामोश हो गयी। इफ़्फ़त हैरत के मारे उसका मुँह ताक़ने लगी। उसके चेहरे से मालूम होता था कि वह सुशीला की गुफ़्तगू का कोई मतलब नहीं समझ सकी। मैं ख़ुद मुतहय्यर था कि पन्द्रह-सोलह बरस की उस दुबली-पतली लड़की के सीने में कैसे-कैसे ख़्यालात करवटें ले रहे हैं। उसका एक-एक लफ़्ज़ मेरे दिमाग़ में गूँज रहा था।

"अगर वह मुझे नज़र आ जाये।" ये कहकर सुशीला आगे बढ़ी और इफ़्फ़त के चेहरे को अपने दोनों हाथों में ले कर कहने लगी, "तो मैं उसके इस-तक़बाल के लिए बढ़ूँ और उसके होंटों पर वो बोसा दूँ जो एक ज़माने से मेरे होंटों के नीचे जल रहा है।"

और शो-शो इफ़्फ़त के हैरत से खुले हुए होंटों पर अपने होंट जमा दिये...और देर तक उनको जमाये रखा। ताज्जुब है कि इफ़्फ़त बिलकुल साकित बैठी रही और मोअतरिज़ न हुई।

जब दोनों के लब एक महिम आवाज़ के साथ जुदा हुए और उनके चेहरे मुझे नज़र आये तो एक अजीब-ओ-ग़रीब नज़ारा देखने में आया। जिसको अल्फ़ाज़ बयान ही नहीं कर सकते। इफ़्फ़त उस शहद की मक्खी की तरह मसरूर-जो-मुतअज्जिब मालूम होती थी। जिसने पहली मर्तबा फूल की नाज़ुक पत्तियों पर बैठ कर उसका रस चूसने की लज्ज़त महसूस की हो...और सुशीला ...वह और ज़्यादा पुर असरार हो गयी थी।

"आओ अब सोये।"

ये ख़्वाब-आलूद और धीमी आवाज़ इफ़्फ़त की थी। इसके साथ ही कपड़ों की सरसराहट भी सुनायी दी और मैं ख़्यालात के गहरे समन्दर में गोता लगा गया।

गन्दुमी रंग की नन्ही-सी गुड़िया, अपने छोटे-से दिमाग़ में कैसे-कैसे अनोखे ख़्यालात की परवरिश कर रही थी...और वह कौन-सा तोहफ़ा अपने दामन-ए-निसवानियत में छिपाये बैठी थी जो आज तक कोई औरत मर्द को पेश नहीं कर सकी?...

मैंने सूराख़ में से देखा 'शो-शो' और इफ़्फ़त दोनों एक-दूसरी के गले में बाँहें डाले सो रही थीं। शो-शो के चेहरे पर बाल बिखरे हुए थे और उसके साँस से उनमें ख़फीफ़ सा अरतिआश पैदा हो रहा था। वह किसी क़दर तर-ओ-ताज़ा मालूम होती थी...वाकई वह इस क़ाबिल थी कि उस पर शेर कहे जायें...लेकिन अब्बास तो शायर नहीं था?

...फिर-फिर...।

सुर्मा

फ़हमीदा की जब शादी हुई तो उसकी उम्र उन्नीस बरस से ज़्यादा नहीं थी।

उसका जहेज़ तैयार था, इसलिए उसके वालिदैन को कोई दिक़्क़त महसूस न हुई—पच्चीस के क़रीब जोड़े थे और ज़ेवरात भी; लेकिन फ़हमीदा ने अपनी माँ से कहा कि वह सुर्मा जो ख़ासतौर पर उनके यहाँ आता है, चाँदी की सुर्मेदानी में डालकर उसे ज़रूर दिया जाये, और चाँदी का सुरमचू भी।

फ़हमीदा की ख़्वाहिश फ़ौरन पूरी कर दी गयी।

आज़म अली की दूकान से सुर्मा मँगवाया गया और बरकत अली की दूकान से सुर्मेदानी और सुरमचू—और फ़हमीदा के जहेज़ में रख दिया गया।

फ़हमीदा को सुर्मा बहुत पसन्द था। क्यों इतना पसन्द था, यह उसको मालूम नहीं था—शायद इसलिए पसन्द था कि उसका रंग बहुत ज्यादा गोरा था और वह चाहती थी कि थोड़ी-सी सियाही भी उसके रंग में शामिल हो जाय—होश सँभालते ही उसने सुर्मे का इस्तेमाल शुरू कर दिया था।

उसकी माँ उससे अक्सर कहती : "फ़हमी, यह तुम्हें क्या ख़ब्त हो गया है...जब न तब आँखों में सुर्मा लगाती रहती हो।"

फ़हमीदा मुसकराती : "अम्मीजान, इससे नज़र कमज़ोर नहीं होती...आपने वैसे ऐनक कब लगवाई थी?"

"बारह बरस की उम्र में।"

फ़हमीदा हँसती : "अगर आपने सुर्मे का इस्तेमाल किया होता तो आपको कभी ऐनक की ज़रूरत महसूस न होती...असल में हम लोग कुछ ज्यादा ही रोशनख़याल हो गये हैं, लेकिन रोशनी के बदले में हमें अँधेरा ही अँधेरा मिलता है।"

उसकी माँ कहती : "जाने क्या बकती रहती है।"

"अम्मीजान, मैं जो कुछ भी बकती रहती हूँ, सही होता है...आजकल लड़कियाँ नकली भवें लगाती हैं, काली पेंसिल से अपने चेहरे पर, खुदा मालूम, क्या करती हैं, लेकिन नतीजा क्या निकलता है...बस चुड़ैल बन जाती हैं।"

उसकी माँ की समझ में कुछ भी न आता : "जाने क्या कहती रहती है...मेरी समझ में तो ख़ाक भी नहीं आता।"

फ़हमीदा कहती : "आपको इतना तो समझना ही चाहिए कि दुनिया में सिर्फ़ ख़ाक ही ख़ाक नहीं, कुछ और भी है।"

उसकी माँ उससे पूछती : "और क्या है?"

फ़हमीदा जवाब देती : "बहुत कुछ है...ख़ाक में सोने के ज़र्रे हो सकते हैं।"

ख़ैर–फ़हमीदा की शादी हो गयी।

मियाँ-बीवी की पहली मुलाक़ात बड़ी दिलचस्प थी।

जब उसका ख़ाविन्द उससे हमकलाम हुआ तो उसने देखा कि फ़हमीदा की आँखों में सियाहियाँ तैर रही हैं।

उसके ख़ाविन्द ने पूछा : "यह तुम इतना सुर्मा क्यों लगाती हो?"

वह झेंप गयी और जवाब में कुछ न कह सकी।

उसके ख़ाविन्द को उसकी यह अदा पसन्द आयी और वह उससे लिपट गया।

फ़हमीदा की सुर्मा भरी आँखों से टप-टप काले-काले आँसू बहने लगे।

उसका ख़ाविन्द परेशान हो गया : "तुम री क्यों रही हो?"

फ़हमीदा ख़ामोश रही।

उसके ख़ाविन्द ने एक बार फिर पूछा : "क्या बात है...आख़िर रोने की वजह क्या है...मैंने तुम्हें कोई दुख पहुँचाया?"

"जी नहीं।"

"तो फिर रोने की वजह क्या हो सकती है?"

"कोई भी नहीं।"

उसके ख़ाविन्द ने उसके गाल पर हौले से थपकी दी और कहा : "जानेमन, जो बात है, मुझे बता दो...अगर मैंने कोई ज़्यादती की है तो उसकी माफ़ी चाहता हूँ...देखो, तुम इस घर की मलिका हो और मैं तुम्हारा ग़ुलाम हूँ...मुझे यह रोना-धोना अच्छा नहीं लगता...मैं चाहता हूँ कि तुम सदा हँसती रहो।"

फ़हमीदा रोती रही।

उसके ख़ाविन्द ने फिर पूछा : "आख़िर इस रोने की वजह क्या है?"

फ़हमीदा ने जवाब दिया : "कोई वजह नहीं है...आप पानी का एक गिलास ला दीजिए मुझे।"

उसका ख़ाविन्द फ़ौरन पानी का एक गिलास ले आया।

फ़हमीदा ने अपनी आँखों में लगा हुआ सुर्मा धोया, तौलिए से अच्छी तरह मुँह साफ़ किया–आँसू ख़ुद व ख़ुद ख़ुश्क हो गये। इसके बाद वह अपने ख़ाविंद से हमकलाम हुई "मैं माज़िरत[1] चाहती हूँ कि आपको मैंने इतना परेशान किया...

देखिए अब मेरी आँखों में सुर्मे की एक लकीर भी बाक़ी नहीं रही।"

उसके ख़ाविन्द ने कहा : "मुझे सुर्मे पर कोई एतराज़ नहीं...तुम शौक़ से इस्तेमाल करो, मगर इतना ज्यादा नहीं कि आँखें उबलती नज़र आयें।"

फ़हमीदा ने आँखें झुकाकर कहा : "मुझे आपका हर हुक्म बजा लाना है... आइन्दा मैं कभी सुर्मा नहीं लगाऊँगी।"

"नहीं-नहीं, मैं तुम्हें इसके इस्तेमाल से मना नहीं करता...मैं सिर्फ़ यह कहना चाहता हूँ कि...कि...मेरा मतलब है कि इस चीज़ को ब-किफ़ायत इस्तेमाल किया जाये...ज़रूरत से ज़्यादा जो भी चीज़ इस्तेमाल में आयेगी, अपनी क़द्र खो देगी।"

फ़हमीदा ने सुर्मा लगाना छोड़ दिया—लेकिन वह हर रोज़ अपनी चाँदी की सुर्मेदानी और चाँदी के सुरमचू को निकालकर देखती और सोचती कि ये दोनों उसकी ज़िन्दगी से क्यों ख़ारिज़ हो गयी हैं; वह क्यों उनको अपनी आँखों में जगह नहीं दे सकती; सिर्फ़ इसलिए कि उसकी शादी हो गयी है; सिर्फ़ इसलिए कि वह अब किसी की मिल्कियत हो गयी है; हो सकता है कि उसकी कुव्वते-इरादी[2] सत्व[3] हो गयी हो—वह कोई फ़ैसला न कर पाती; वह किसी नतीजे पर न पहुँच सकती।

एक बरस के बाद उसके यहाँ चाँद-सा बच्चा आ गया।

वह निढाल थी, लेकिन उसे अपनी कमज़ोरी का कोई एहसास नहीं था, इसलिए कि वह अपने लड़के की पैदाइश पर नाज़ाँ थी—उसे यूँ महसूस होता था जैसे उसने कोई बहुत बड़ी तख़लीक़[4] की है।

चालीस दिनों के बाद उसने सुर्मा निकाला और अपने नौमोलूद[5] लड़के की आँखों में लगाया—उसके लड़के की आँखें बड़ी-बड़ी थीं। उनमें जब सुर्मे की तहरीर[6] हुई तो वह और भी ज़्यादा बड़ी हो गयी।

उसके ख़ाविंद ने कोई एतराज़ न किया कि वह बच्चे की आँखों में सुर्मा क्यों लगाती है, इसलिए कि उसे बड़ी और ख़ूबसूरत आँखें पसन्द थीं।

दिन अच्छी तरह गुज़र रहे थे।

फ़हमीदा के ख़ाविन्द शुजाअत अली को तरक्क़ी मिल गयी थी। अब उसकी तनख़्वाह डेढ़ हज़ार रुपये के क़रीब थी।

एक दिन शुजाअत अली ने अपने लड़के की, जिसका नाम उसकी बीवी ने आसिम रखा था, सुर्मा लगी आँखों में बड़े ग़ौर के साथ देखा—वह उसको बहुत प्यारा लगा। उसने बेइख़्तियार उसको उठाया, चूमा चाटा और पलँगड़ी पर डाल दिया—वह हँस रहा था और अपने नन्हे-मुन्हे हाथ-पाँव, इधर-उधर मार रहा था।

फिर उसकी सालगिरह की तैयारियाँ होने लगीं।

फ़हमीदा ने एक बहुत बड़े केक का ऑर्डर दिया—मुहल्ले के सब बच्चों को दावत दी गयी—वह चाहती थी कि उसके लड़के की पहली सालगिरह बड़ी शान से

मनाई जाये।

सालगिरह यक़ीनन शान से मनाई जाती, मगर दो दिन पहले आसिम की तबीयत नासाज़ हो गयी और ऐसी हुई कि उसे तशन्नुज[7] के दौरे पड़ने लगे।

वह उसे हस्पताल ले गये—डॉक्टरों ने मुआइना किया और तश्ख़ीश[8] के बाद मालूम हुआ कि उसे डबल निमोनिया हो गया है।

फ़हमीदा रोने लगी, सिर पीटने लगी : "हाय मेरे लाल को यह क्या हो गया...हमने तो इसे फूलों की तरह पाला है!"

एक डॉक्टर ने उससे कहा : "मैडम, यह बीमारियाँ इनसान के अहाता-ए-इख़्तियार[9] में नहीं हैं...वैसे बहैसियत डॉक्टर मैं आपसे यह कहता हूँ कि बच्चे के जीने की कोई उम्मीद नहीं।"

फ़हमीदा ने ज़ोर-ज़ोर-से रोना शुरू कर दिया : "मैं ख़ुद मर जाऊँगी...ख़ुदा के लिए, डॉक्टर साहब, इसे बचा लीजिए,...आप इसे बचा सकते हैं...मुझे अल्लाह के घर से उम्मीद है कि मेरा बच्चा ठीक हो जायेगा।"

डॉक्टर ने बड़े ख़ुश्क लहजे में कहा : "ख़ुदा करे, ऐसा ही हो।"

"आप इतने नाउम्मीद क्यों हैं?" फ़हमीदा ने दर्द भरी आवाज़ में कहा।

"मैं नाउम्मीद नहीं, लेकिन मैं आपको झूठी तसल्ली नहीं देना चाहता।"

"झूठी तसल्लियाँ आप मुझको क्यों देंगे...मुझे यक़ीन है कि मेरा बच्चा ज़िन्दा रहेगा।"

"ख़ुदा करे कि ऐसा ही हो।"

मगर ख़ुदा ने ऐसा न किया और बच्चा तीन रोज़ के बाद हस्पताल में मर गया।

फ़हमीदा पर देर तक पागलपन की कैफ़ियत[10] तारी रही—उसके होशो-हवास गुम हो गये थे।

वह कोयले उठाती, उन्हें पीसती और फिर अपने चेहरे पर कालिख मलना शुरू कर देती।

शुजाअत अली सख़्त परेशान था—उसने कई डॉक्टरों से मश्वरा किया और फ़हमीदा को दवाएँ भी दीं, लेकिन ख़ातिर ख़्वाह नतीजा बरामद न हुआ।

फ़हमीदा के दिलो-दिमाग़ में सुर्मा ही सुर्मा था—वह हर बात कालिख के साथ सोचती थी।

उसका ख़ाविन्द उससे कहता : "क्या बात है...तुम इतनी अफ़सुर्दा क्यों रहती हो?"

वह जवाब देती : "जी कोई ख़ास बात नहीं, बस सुर्मा ख़त्म हो गया है...मुझे आप सुर्मा ला दीजिए।"

उसका ख़ाविन्द उसके लिए सुर्मा ले आया, मगर उसको पसन्द न आया।

फिर वह ख़ुद बाज़ार गयी और अपनी पसन्द का सुर्मा ख़रीदकर ले आयी।

सुर्मा उसने अपनी आँखों में लगाया और सो गयी, जिस तरह वह अपने बेटे आसिम के साथ सोया करती थी।

सुबह जब उसका ख़ाविन्द उठा और उसने अपनी बीवी को जगाने की कोशिश की तो वह मुर्दा पड़ी थी–उसके पहलू में एक गुड़िया थी, जिसकी आँखें सुर्मे से लबरेज़ थीं।

---

1. क्षमा, माफी; 2. संकल्प-शक्ति; 3. ख़त्म हो जाना, छीन ली गयी; 4. रचना; 5. नवजात शिशु; 6. डालना, निशान; 7. ऐंठन; 8. जाँच; 9. अधिकार-क्षेत्र; 10. हालत, स्थिति।

मन्त्र

नन्हा राम, नन्हा तो था, लेकिन शरारतों के लिहाज़ से बहुत बड़ा था। चेहरे से बेहद भोला-भाला लगता था। कोई नक़्श या रेखा ऐसी नहीं थी, जो शोख़ी का पता दे। उसके शरीर का हर अंग भद्दूदेपन की हद तक मोटा था। जब चलता था, तो ऐसा जान पड़ता था कि फुटबाल लुढ़क रहा है। उम्र मुश्किल से आठ बरस की होगी, पर बला का ज़हीन और चालाक था। लेकिन उसकी समझ और चालाकी का पता उसके सरापे से लगाना बहुत मुश्किल था। राम के पिता, मिस्टर शंकराचार्य, एम.ए.एल.एल.बी., कहा करते थे कि 'मुँह में राम-राम और बग़ल में छुरी' वाली मिसाल इसी राम के लिए बनायी गयी है।

राम के मुँह से 'राम-राम' तो किसी ने सुना नहीं था, पर उसकी बग़ल में छुरी की जगह एक छोटी-सी छड़ी ज़रूर रहा करती थी, जिससे वह कभी-कभी डगलस फेयरबैंक यानी 'बग़दाद के चोर' की तलवारबाज़ी की नकल किया करता था।

जब राम की माँ, यानी मिसेज़ शंकराचार्य, उसको कान से पकड़ कर उसके बाप के सामने लायीं तो वह बिलकुल चुप था। आँखें ख़ुश्क थीं। उसका एक कान, जो उसकी माँ के हाथ में था, दूसरे कान से बड़ा मालूम हो रहा था। वह मुस्करा रहा था, पर उस मुस्कराहट में बला का भोलापन था। उसकी माँ का चेहरा गुस्से में तमतमाया हुआ था, पर राम के चेहरे से पता चलता था कि वह अपनी माँ से खेल रहा है और अपने कान को माँ के हाथ में दे कर एक ख़ास क़िस्म का आनन्द ले रहा है, जिसको वह दूसरों पर ज़ाहिर करना नहीं चाहता।

जब राम को मिस्टर शंकराचार्य के सामने लाया गया तो वे आराम-कुर्सी पर जम कर बैठ गये कि उस नालायक के कान खींचें, हालाँकि वे उसके कान खींच-खींच कर काफ़ी से ज़्यादा लम्बे कर चुके थे और उसकी शरारतों में कोई फ़र्क़ न आने पाया था। वे अदालत में कानून के बल पर बहुत कुछ कर लेते थे, पर यहाँ उस छोटे-से लौण्डे के सामने उनकी कोई पेश न चलती थी।

एक बार मिस्टर शंकराचार्य ने किसी शरारत पर उसको परमेश्वर के नाम से डराने की कोशिश की थी। उन्होंने कहा था—'देख राम, तू अच्छा लड़का बन जा, नहीं तो

मुझे डर है, परमेश्वर तुझसे नाराज़ हो जायेंगे।'

राम ने जवाब दिया था—'आप भी तो नाराज़ हो जाया करते हैं और मैं आपको मना लिया करता हूँ।' और फिर थोड़ी देर सोचने के बाद उसने यह पूछा था—'बापू जी, ये परमेश्वर कौन हैं?' मिस्टर शंकराचार्य ने उसे समझाने के लिए जवाब दिया था—'भगवान, और कौन?... हम सबसे बड़े?'

'इस मकान जितने?'

'इससे भी बड़े।... देख, अब तू कोई शरारत न कीजियो, वरना वो तुझे मार डालेंगे।' मिस्टर शंकराचार्य ने अपने बेटे को डराने के लिए परमेश्वर को उससे ज़्यादा डरावनी शक्ल में पेश करने के बाद यह ख़याल कर लिया था कि अब राम सुधर जायेगा और कोई शरारत न करेगा। पर राम ने, जो उस वक़्त चुप बैठा अपने दिमाग़ के तराज़ू में परमेश्वर को तोल रहा था, कुछ देर ग़ौर करने के बाद जब बड़े भोलेपन से कहा—'बापू जी, आप मुझे परमेश्वर दिखा दीजिए' तो मिस्टर शंकराचार्य की सारी कानूनदानी और वकालत धरी-की-धरी रह गयी थी।

किसी मुक़दमे का हवाला देना होता तो वे उसको फाइल निकाल कर दिखा देते या अगर कोई ताज़ीराते-हिन्द[1] की किसी धारा के बारे में सवाल करता तो वे अपनी मेज़ पर से वह मोटी किताब उठा कर खोलना शुरू कर देते, जिसकी जिल्द पर उनके उस बेटे ने चाकू के बेल-बूटे बना रखे थे; पर वे परमेश्वर को पकड़ कर कहाँ से लाते, जिसके बारे में उन्हें ख़ुद अच्छी तरह मालूम नहीं था कि वह क्या है, कहाँ रहता है और क्या करता है!

जिस तरह उनको यह मालूम था कि धारा 379 चोरी के अपराध पर लागू होती है, उसी तरह उनको यह भी मालूम था कि मारने और पैदा करने वाले को परमेश्वर कहते हैं। और जिस तरह उनको यह मालूम नहीं था कि वह, जिसके कानून बने हुए हैं, उसकी असलियत क्या है, ठीक उसी तरह उनको ईश्वर की असलियत क्या है, मालूम नहीं थी। वे एम.ए., एल.एल.बी. थे, पर यह डिग्री उन्होंने उलझनों में फँसने के लिए नहीं, बल्कि पैसा कमाने के लिए हासिल की थी।

वे राम को परमेश्वर न दिखा सके और न उसको कोई माकूल जवाब ही दे सके, इसलिए कि यह सवाल ही कुछ इस तरह अचानक तौर पर किया गया था कि उनका दिमाग़ बिल्कुल ख़ाली हो गया था। वे बस इतना कह सके थे—'जा राम, जा, मेरा दिमाग़ न चाट, मुझे बहुत काम करना है।'

इस वक़्त भी उन्हें काम सचमुच बहुत करना था, पर वे पुरानी हारों को भूल कर, फ़ौरन ही इस नये मुक़दमे का फ़ैसला कर देना चाहते थे।

उन्होंने राम की तरफ़ गुस्से से भरी निगाहों से देख कर अपनी धर्म-पत्नी से

कहा—'आज इसने कौन-सी नयी शरारत की है?... मुझे जल्दी बताओ, मैं आज इसे डबल सज़ा दूँगा।'

मिसेज़ आचार्य ने राम का कान छोड़ दिया और कहा—'इस मुए ने तो जीना दूभर कर रखा है। जब देखो, नाचना, थिरकना, कूदना...न आये की शर्म, न गये का लिहाज़।... सुबह से मुझे सता रहा है। कई बार पीट चुकी हूँ, पर यह अपनी शरारतों से बाज़ ही नहीं आता। रसोई-घर में से दो कच्चे टमाटर निकाल कर खा गया है। अब मैं सलाद में इसका सिर डालूँ?' यह सुन कर मिस्टर शंकराचार्य को एक धक्का-सा लगा। वे ख़याल कर रहे थे कि राम के ख़िलाफ कोई संगीन इलज़ाम होगा, पर यह सुन कर कि उसने रसोई-घर से सिर्फ़ दो कच्चे टमाटर निकाल कर खाये हैं, उन्हें घोर निराशा हुई। राम को झिड़कने और कोसने के लिए उनकी सब तैयारी सहसा ण्डी पड़ गयी। उनको ऐसा महसूस हुआ कि उनका सीना एकदम ख़ाली हो गया है, जैसे एक बार उनके मोटर के पहिये की सारी हवा निकल गयी थी।

टमाटर खाना कोई अपराध नहीं। इसके अलावा अभी कल ही मिस्टर शंकराचार्य के एक दोस्त ने, जो जर्मनी से डॉक्टरी की ऊँची सनद ले कर आये थे, उनसे कहा था कि अपने बच्चों को खाने के साथ कच्चे टमाटर ज़रूर दिया कीजिए, क्योंकि उनमें ख़ूब विटामिन होते हैं। पर अब चूँकि वे राम को डाँटने-डपटने के लिए तैयार हो गये थे और उनकी पत्नी की भी यही इच्छा थी, इसलिए उन्होंने थोड़ी देर ग़ौर करने के बाद एक कानूनी नुक़्ता निकाला और इस खोज पर मन-ही-मन ख़ुश हो कर अपने बेटे से कहा—'मेरे पास आ और जो कुछ मैं तुझसे पूछूँ, सच-सच बता।'

मिसेज़ शंकराचार्य चली गयीं और राम ख़ामोशी से अपने बाप के पास खड़ा हो गया।

मिस्टर शंकराचार्य ने पूछा—'तूने रसोई-घर से दो कच्चे टमाटर निकाल कर क्यों खाये?' राम ने जवाब दिया—'दो कहाँ थे? माता जी झूठ बोलती हैं।'

'तू ही बता कितने थे?'

'डेढ़—एक और आधा।' राम ने ये शब्द उँगलियों से आंधे का निशान बना कर कहे, 'दूसरे आधे से माता जी ने दोपहर को चटनी बनायी थी।'

'चलो, डेढ़ ही सही। पर तूने ये वहाँ से उठाये क्यों?'

राम ने जवाब दिया—'खाने के लिए।'

'ीक है, पर तूने चोरी की।' मिस्टर शंकराचार्य ने कानूनी नुक़्ते को पेश किया।

'चोरी! बापू जी, मैंने चोरी नहीं की। टमाटर खाये हैं, पर यह चोरी कैसे हुई?' यह कहता हुआ वह फ़र्श पर बैठ गया और ग़ौर से अपने बाप की तरफ़ देखने लगा।

'यह चोरी थी! दूसरे की चीज़ को उसकी इजाज़त से बिना उठा लेना, चोरी

होती है।' मिस्टर शंकराचार्य ने यों अपने बच्चे को समझाया और सोचा कि वह उनका मतलब अच्छी तरह समझ गया है।

राम ने झट कहा—'पर टमाटर तो हमारे अपने थे—मेरी माता जी के।'

मिस्टर शंकराचार्य सिटपिटा गये, पर फ़ौरन ही उन्होंने अपना मतलब स्पष्ट करने की कोशिश की—'तेरी माता जी के थे, ठीक है; पर वे तेरे तो नहीं हुए? जो चीज़ उनकी है, वह तेरी कैसे हो सकती है? देख, सामने मेज़ पर जो तेरा खिलौना पड़ा है, उठा ला। मैं तुझे अच्छी तरह समझाता हूँ।'

राम उठा और दौड़ कर लकड़ी का घोड़ा उठा लाया और उसे उसने अपने बाप के हाथ में दे दिया, 'यह लीजिए।'

मिस्टर शंकराचार्य बोले—'हाँ तो देख, यह घोड़ा तेरा है न?

'जी हाँ।'

'अब अगर मैं इसे तेरी इजाज़त के बिना उठा कर अपने पास रख लूँ तो यह चोरी होगी।' फिर मिस्टर शंकराचार्य ने बात और भी स्पष्ट करने के लिए कहा—'और मैं चोर।' 'नहीं पिता जी, आप इसे अपने पास रख सकते हैं। मैं आपको चोर नहीं कहूँगा।

मेरे पास खेलने के लिए हाथी जो है! क्या आपने अभी तक देखा नहीं? कल ही मुंशी दादा ने ला कर दिया है। ठहरिए, मैं अभी आपको दिखाता हूँ।' यह कह कर वह तालियाँ बजाता हुआ, दूसरे कमरे में चला गया और मिस्टर शंकराचार्य आँखें झपकते रह गये।

0

दूसरे दिन मिस्टर शंकराचार्य को एक ख़ास काम से पूना जाना पड़ा। उनकी बड़ी बहन वहीं रहती थी। एक अर्से से वह छोटे राम को देखने के लिए बेक़रार थी, इसलिए एक पन्थ दो काज के अनुसार मिस्टर शंकराचार्य अपने बेटे को भी साथ ले गये, पर इस शर्त पर कि वह रास्ते में कोई शरारत न करेगा। नन्हा राम इस शर्त को बोरीबन्दर स्टेशन तक ही निभा सका। उधर 'दक्खिन क्वीन' चली और इधर राम के नन्हे-से सीने में शरारतें मचलना शुरू हो गयीं।

मिस्टर शंकराचार्य सेकेण्ड क्लास कम्पार्टमेण्ट की चौड़ी सीट पर बैठ, अपने साथ वाले मुसाफ़िर का अख़बार देख रहे थे और सीट के आख़िरी हिस्से पर राम खिड़की में से बाहर झाँक रहा था और हवा का दबाव देख कर यह सोच रहा था कि अगर हवा उसे ले उड़े तो कितना मज़ा आये।

मिस्टर शंकराचार्य ने अपनी ऐनक के कोनों से राम की तरफ़ देखा और उसका हाथ पकड़ कर नीचे बैठा दिया, 'तू चैन भी लेने देगा या नहीं! आराम से बै जा।' यह कहते हुए उनकी नज़र राम की नयी टोपी पर पड़ी, जो उसके सिर पर

चमक रही थी, 'इसे उतार कर रख ले नालायक, हवा इसे उड़ा ले जायेगी।'

उन्होंने राम के सिर पर टोपी उतार कर उसकी गोद में रख दी।

पर थोड़ी देर के बाद टोपी फिर राम के सिर पर थी और वह खिड़की के बाहर सिर निकाले, दौड़ते हुए पेड़ों को ग़ौर से देख रहा था। दरख़्तों की भाग-दौड़ राम के दिमाग़ में आँख-मिचोली के दिलचस्प खेल का नक़्शा खींच रही थी।

हवा के झोंके से अख़बार दोहरा हो गया और मिस्टर शंकराचार्य ने अपने बेटे के सिर को फिर खिड़की के बाहर पाया। गुस्से में उन्होंने उसका हाथ खींच कर अपने पास बैठा लिया और कहा—'अगर तू यहाँ से एक इंच भी हिला तो तेरी ख़ैर नहीं।' यह कह कर उन्होंने टोपी उतार कर उसकी टाँगों पर रख दी।

इस काम से निपट कर, उन्होंने अख़बार उठाया और वे अभी उसमें वह सतर ढूँढ ही रहे थे, जहाँ से उन्होंने पढ़ना छोड़ा था कि राम ने खिड़की के पास सरक कर बाहर झाँकना शुरू कर दिया। टोपी उसके सिर पर थी। यह देख कर मिस्टर शंकराचार्य को सख़्त गुस्सा आया। उनका हाथ भूखी चील की तरह टोपी की तरफ़ बढ़ा और पलक-झपकते में वह उनकी सीट के नीचे थी। यह सब कुछ इतनी तेज़ी से हुआ कि राम को समझने का मौक़ा ही न मिला। मुड़ कर उसने अपने बाप की ओर देखा, पर उनके हाथ उसे ख़ाली नज़र आये। इसी परेशानी में उसने खिड़की से बाहर झाँक कर देखा तो उसे रेल की पटरी पर बहुत पीछे, ख़ाकी काग़ज़ का एक टुकड़ा उड़ता नज़र आया।... उसने सोचा कि यह मेरी टोपी है।

इस ख़याल के आते ही उसके दिल को एक धक्का-सा लगा। बाप की ओर खेद-भरी दृष्टि से देखते हुए उसने कहा—'बापू जी, मेरी टोपी!'

मिस्टर शंकराचार्य चुप रहे।

'हाय मेरी टोपी।' राम की आवाज बुलन्द हुई।

मिस्टर शंकराचार्य कुछ न बोले।

राम ने रोने स्वर में कहा—'मेरी टोपी!' और अपने बाप का हाथ पकड़ लिया।

मिस्टर शंकराचार्य ने उसका हाथ झटक कर कहा—'गिरा दी होगी तूने। अब रोता क्यों है?'

इस पर राम की आँखों में दो मोटे-मोटे आँसू तैरने लगे।

'पर धक्का तो आप ही ने दिया था।' उसने इतना कहा और रोने लगा।

मिस्टर शंकराचार्य ने ज़रा डाँट बतायी तो राम ने और ज़्यादा रोना शुरू कर दिया। उन्होंने उसे चुप कराने की बहुत कोशिश की, पर सफल न हुए। राम का रोना सिर्फ टोपी ही बन्द करा सकती थी, चुनांचे मिस्टर शंकराचार्य ने थक-हार कर उससे कहा—'टोपी वापस आ जायेगी, पर शर्त यह है कि तू उसे पहनेगा नहीं।'

राम की आँखों में आँसू फ़ौरन सूख गये, जैसे तपी हुई रेत में बारिश की बूँदें

ज़ब्ज हो जायें। वह सरक कर आगे बढ़ आया, 'उसे वापस लाइए।'

मिस्टर शंकराचार्य ने कहा—'ऐसे थोड़े ही वापस आयेगी। मन्त्र पढ़ना पड़ेगा।'

कम्पार्टमेण्ट में सब मुसाफिर बाप-बेटे की बातें सुन रहे थे।

'मन्त्र!' यह कहते हुए राम को एकदम वह क़िस्सा याद आ गया, जिसमें एक लड़के ने मन्त्र के ज़रिये दूसरों की चीज़ें ग़ायब करनी शुरु कर दी थीं।

'पढ़िए बापू जी।'

यह कह कर वह ख़ूब ग़ौर से अपने बाप की तरफ़ देखने लगा, मानो मन्त्र पढ़ते समय मिस्टर शंकराचार्य के गंजे सिर पर सींग उग आयेंगे।

मिस्टर शंकराचार्य ने उस मन्त्र के बोल याद करते हुए, जो उन्होंने बचपन में 'सम्पूर्ण इन्द्रजाल' में पढ़ कर कण्ठस्थ किया था, कहा—'तू फिर तो शरारत नहीं करेगा?'

'नहीं बापू जी।' राम ने, जो मन्त्र की गहराइयों में डूब रहा था, अपने बाप से शरारत न करने का वादा कर लिया।

मिस्टर शंकराचार्य को मन्त्र के बोल याद आ गये और उन्होंने मन-ही-मन अपनी स्मरण-शक्ति की प्रशंसा करते हुए, अपने लड़के से कहा—'ले, अब तू आँखें बन्द कर ले।'

राम ने आँखें बन्द कर लीं और मिस्टर शंकराचार्य ने मन्त्र पढ़ना शुरू किया : 'ओम् नमः कामेश्वरी, मद मदेश उत्तमा दे भृंग प्रा स्वाहा।'

मिस्टर शंकराचार्य का एक हाथ सीट के नीचे गया और 'स्वाहा' के साथ ही राम की टोपी उसकी गुदगुदी रानों पर आ गिरी।

राम ने आँखें खोल दीं। टोपी उसकी चपटी नाक के नीचे पड़ी थी और मिस्टर शंकराचार्य की नुकीली नाक का बाँसा, ऐनक की सुनहरी पकड़ के नीचे थरथरा रहा था। अदालत में मुक़दमा जीतने के बाद उनका कुछ ऐसा ही हाल हुआ करता था।

'टोपी आ गयी।' राम ने सिर्फ़ इतना कहा और चुप हो रहा और मिस्टर शंकराचार्य, राम को चुप बैठने का हुक्म दे कर, अख़बार पढ़ने में तल्लीन हो गये। एक ख़बर काफी दिलचस्प और अख़बारी ज़बान में बेहद 'सनसनी-ख़ेज़' थी, चुनांचे वे मन्त्र वग़ैरा सब कुछ भूल कर उसमें खो गये। 'दक्खिन क्वीन' बिजली के पैरों पर तेज़ी से उड़ रही थी। उसके पहियों की एकरस गड़गड़ाहट, सनसनी पैदा करने वाली ख़बर की हर सतर को शाब्दिक सहायता दे रही थी। मिस्टर शंकराचार्य यह पंक्ति पढ़ रहे थेः 'अदालत पर सन्नाटा छाया हुआ था। सिर्फ़ टाइप-राइटर की टिक-टिक सुनायी देती थी। अभियुक्त सहसा चिल्लाया...'बापू जी!'...ठीक उस समय राम ने अपने बाप को ज़ोर से आवाज़ दी—'बापू जी!' और मिस्टर शंकराचार्य को ऐसा लगा कि उस पंक्ति के अन्तिम शब्द काग़ज़ पर उछल पड़े हैं।

राम के थरथराते हुए होंठ बता रहे थे कि वह कुछ कहना चाहता है।

मिस्टर शंकराचार्य ने ज़रा तेज़ी से कहा—'क्या है?' और ऐनक के एक कोने में से टोपी को सीट पर पड़ा देख कर अपना इत्मीनान कर लिया।

राम आगे सरक आया और कहने लगा—'बापू जी, वही मन्त्र पढ़िए।'

'क्यों?' यह कहते हुए मिस्टर शंकराचार्य ने राम की टोपी की तरफ़ ग़ौर से देखा, जो सीट के कोने में पड़ी थी।

'आपके काग़ज़ जो यहाँ पड़े थे, मैंने बाहर फेंक दिये हैं।'

राम ने उससे आगे कुछ और भी कहा, पर मिस्टर शंकराचार्य की आँखों के सामने अँधेरा-सा छा गया। बिजली की-सी तेज़ी के साथ उठ कर उन्होंने खिड़की में से बाहर झाँक कर देखा, पर रेल की पटरी के साथ, तितलियों की तरह फड़फड़ाते हुए काग़ज़ के पुर्ज़ों के सिवा उन्हें और कुछ नज़र न आया।

'तूने वे काग़ज़ फेंक दिये, जो यहाँ पड़े थे?' उन्होंने अपने दाहिने हाथ से सीट की तरफ़ इशारा करते हुए कहा।

राम ने स्वीकार में सिर हिला दिया, 'आप वही मन्त्र पढ़िए न।'

मिस्टर शंकराचार्य को ऐसा कोई मन्त्र याद न था, जो सचमुच की खोयी हुई चीज़ों को वापस ला सके। वे सख़्त परेशान थे।

वे काग़ज़ात, जो उनके बेटे ने फेंक दिये थे, एक नये मुक़दमे की मिसिल थी, जिसमें चालीस हज़ार की मालियत के कानूनी काग़ज़ात पड़े थे। मिस्टर शंकराचार्य, एम.ए., एल.एल.बी. की बाज़ी उनकी अपनी ही चाल से मात हो गयी थी। पल भर में उनके कानूनी दिमाग़ में काग़ज़ात के बारे में सैकड़ों ख़यालात आये। ज़ाहिर है कि मिस्टर शंकराचार्य के मुवक्क़िल का नुकसान, उनका अपना नुकसान था। पर अब वे क्या कर सकते थे।

सिर्फ़ यह कि अगले स्टेशन पर उतर कर, रेल की पटरी के साथ चलना शुरू कर दें और दस-पन्द्रह मील तक उन काग़ज़ों की तलाश में मारे-मारे फिरते रहें। मिलें-न-मिलें उनकी क़िस्मत! एक क्षण के अन्दर-अन्दर सैकड़ों बातें सोचने के बाद, आख़ीर में उन्होंने अपने मन में यह फ़ैसला कर लिया कि अगर तलाश करने पर भी काग़ज़ात न मिले तो वे मुवक्क़िल के सामने सिरे से इनकार ही कर देंगे कि उसने उनको कभी काग़ज़ात दिये थे। नैतिक और कानूनी तौर पर यह सरासर नाजायज़ था। लेकिन इसके अलावा और हो भी क्या सकता था।

इस सन्तोषप्रद ख़याल के बावजूद मिस्टर शंकराचार्य के मुँह में कड़वाहट-सी पैदा हो रही थी। सहसा उनके मन में आया कि काग़ज़ों की तरह वे राम को भी उठा कर गाड़ी से बाहर फेंक दें, पर इस इच्छा को सीने में ही दबा कर उन्होंने उसकी ओर देखा। राम के होंटों पर एक अजीबो-ग़रीब मुस्कराहट फैल रही थी। उसने हौले से कहा—'बापू जी, मन्त्र पढ़िए।'

‘आराम से बैठा रह, वरना याद रख, गला घोंट दूँगा।’ मिस्टर शंकराचार्य भन्ना गये।

उस मुसाफिर के होंठों पर, जो ग़ौर से बाप-बेटे की बातें सुन रहा था, एक अर्थपूर्ण मुस्कराहट नाच रही थी। राम आगे सरक आया, ‘बापू जी, आप आँखें बन्द कर लीजिए। मैं मन्त्र पढ़ता हूँ।’

मिस्टर शंकराचार्य ने आँखें बन्द न कीं, लेकिन राम ने मन्त्र पढ़ना शुरू कर दियाः

‘ओम् म्यांग श्यांग... लद... मदागा... प्रदोमा... स्वाहा!’ के साथ ही मिस्टर शंकराचार्य की मांसल रानों पर काग़ज़ों का एक पुलिन्दा आ गिरा।

उनकी नाक का बाँसा ऐनक की सुनहरी पकड़ के नीचे ज़ोर से काँपा।

राम की चपटी नाक के गोल और लाल-लाल नथुने भी काँप रहे थे।

डरपोक

मैदान बिलकुल साफ़ था, लेकिन जावेद का ख़याल था कि म्यूनिसिपल कमेटी की लालटेन, जो दीवार में गड़ी है, उसको घूर रही है। बार-बार, वह उस चौड़े सहन को, जिस पर नानकशाही ईंटों का ऊँचा-नीचा फ़र्श बना हुआ था, पार करके, उस नुक्कड़ वाले मकान तक पहुँचने का इरादा करता, जो दूसरी इमारतों से बिलकुल अलग-थलग था। पर यह लालटेन, जो नकली आँख की तरह, हर तरफ़ टकटकी बाँधे देख रही थी, उसके इरादे को डगमगा देती और वह उस बड़ी मोरी के उस तरफ़ हट जाता, जिसको फाँद कर, वह सहन को चन्द क़दमों में तय कर सकता था, सिर्फ़ चन्द क़दमों में!

जावेद का घर इस जगह से काफ़ी दूर था, पर यह फ़ासला बड़ी तेज़ी से तय करके, वह यहाँ तक पहुँच गया था। उसके विचारों की गति, उसके क़दमों की रफ़्तार से अधिक तेज़ थी। रास्ते में उसने बहुत-सी चीज़ों पर ग़ौर किया। वह बेवकूफ़ नहीं था। उसे अच्छी तरह मालूम था कि वह एक वेश्या के पास जा रहा है और इसको इस बात की भी पूरी समझ थी कि वह किस वजह से उसके यहाँ जाना चाहता है।

वह औरत चाहता था। औरत, चाहे किसी रूप में हो। औरत की ज़रूरत उसकी ज़िन्दगी में एकाएक नहीं पैदा हो गयी थी। एक ज़माने से यह ज़रूरत उसके अन्दर धीरे-धीरे मौजूदा तेज़ी का रूप पाती रही थी और अब अचानक उसने महसूस किया था कि औरत के बिना वह एक पल ज़िन्दा नहीं रह सकता। औरत उसको ज़रूर मिलनी चाहिए। ऐसी औरत, जिसकी रान पर हौले से धप मार कर वह उसकी आवाज़ सुन सके। ऐसी औरत, जिससे वह वाहियात क़िस्म की बातें कर सके।

जावेद पढ़ा-लिखा होशमन्द आदमी था। हर बात की ऊँच-नीच समझता था, पर इस मामले में कुछ और सोचने-विचारने के लिए तैयार नहीं था। उसके मन में एक ऐसी इच्छा हुई थी, जो नयी न थी। इससे पहले, कई बार उसके मन में यह इच्छा पैदा हुई थी और इस इच्छा को पूरा करने के लिए इन्तहाई कोशिशों के बाद,

जब उसे निराशा का सामना करना पड़ा तो वह इस निष्कर्ष पर पहुँचा कि उसकी ज़िन्दगी में पूरी औरत कभी नहीं आयेगी और अगर उसने उस पूरी औरत की तलाश जारी रखी तो किसी दिन वह पागल कुत्ते की तरह किसी राह-चलती औरत को काट खायेगा।

काट खाने की हद तक अपने इरादे में नाकाम रहने के बाद, अब सहसा उसके मन में इस इच्छा ने करवट बदली। अब किसी औरत के बालों में अपनी उँगलियों से कंघी करने का ख़याल उसके दिमाग़ से निकल चुका था। औरत की तस्वीर उसके दिमाग़ में मौजूद थी—उसके बाल भी थे, पर अब उसकी यह इच्छा थी कि वह उन बालों को वहशियों की तरह खींचे, नोचे, उखेड़े।

अब उसके दिमाग़ में से वह औरत निकल चुकी थी, जिसके होंठों पर वह अपने होंठ इस तरह रखने के लिए इच्छुक था, जैसे तितली फूलों पर बैठती है। अब वह उन होंठों को अपने गर्म होंटों से दाग़ना चाहता था।... हौले-हौले सरगोशियों में बातें करने का ख़याल भी उसके दिमाग़ में नहीं था। अब वह ऊँची आवाज़ में बातें करना चाहता था। ऐसी बातें, जो उसके मौजूदा इरादे की तरह नंगी हों।

अब पूरी सालिम औरत उसके आगे नहीं थी।... वह ऐसी औरत चाहता था, जो घिस-घिसा कर, शिक़स्ता-हाल मर्द की शक्ल अख़्तियार कर गयी हो। ऐसी औरत, जो आधी औरत हो और आधी कुछ भी न हो।

एक समय था, जब जावेद 'औरत' कहते समय, अपनी आँखों में एक ख़ास किस्म की ठण्डक महसूस किया करता था; जब औरत की कल्पना उसे चाँद की ठण्डी दुनिया में ले जाती थी। वह 'औरत' कहता था, बड़ी सावधानी से, मानो उसको इस बेजान शब्द के टूटने का डर हो।... एक अर्से तक वह इस दुनिया की सैर करता रहा। पर आख़िरकार उसको मालूम हुआ कि औरत, जिसकी तमन्ना उसके दिल में है, उसकी ज़िन्दगी का ऐसा सपना है, जो ख़राब मेदे के साथ देखा जाय।

जावेद अब सपनों की दुनिया से बाहर निकल आया था। बहुत देर तक ज़ेहनी तौर से वह अपने आपको बहलाता रहा। पर अब उसका शरीर भयंकर रूप से जाग चुका था। उसकी कल्पना की तेज़ी ने, उसके जिस्मानी एहसासों की नोक-पलक कुछ इस ढंग से निकाली थी कि अब ज़िन्दगी उसके लिए सुइयों का बिस्तर बन गयी। हर ख़याल एक नश्तर बन गया—औरत उसकी नज़रों में ऐसा रूप धारण कर गयी, जिसको वह बयान करना चाहता भी तो न कर सकता।

जावेद कभी इंसान था, पर अब इंसानों से उसे नफ़रत थी; इतनी कि वह अपने आप से भी नफ़रत करने लगा था। यही कारण था कि वह ख़ुद को ज़लील करना चाहता था; इस तरह कि एक अर्से तक उसके ख़ूबसूरत ख़याल, जिनको

वह अपने दिमाग़ में फूलों की तरह सजा कर रखता था, गन्दगी से लिथड़े रहें। 'मुझे नफ़ासत तलाश करने में नाकामी रही है, लेकिन गन्दगी तो मेरे चारों तरफ़ फैली हुई है। अब यह जी चाहता है कि अपनी रूह और अपने शरीर के हर ज़र्रे को इस गन्दगी से लिथेड़ दूँ। मेरी नाक, जो इससे पहले ख़ुशबुओं की तलाश करती रही है, अब बदबूदार और ग़लीज़ चीज़ें सूँघने के लिए बेताब है। यही वजह है कि आज मैंने पुराने ख़यालों का चोला उतार कर इस मुहल्ले का रुख़ किया है, जहाँ हर चीज़ एक भेद-भरी बू में लिपटी नज़र आती है।... यह दुनिया कितने भयानक रूप से हसीन है।'

नानकशाही ईंटों का ऊबड़-खाबड़ फ़र्श उसके सामने था। लालटेन की बीमार रोशनी में जावेद ने जब उस फ़र्श की तरफ़ अपनी बदली हुई नज़रों से देखा तो उसे ऐसा महसूस हुआ कि बहुत-सी नंगी औरतें औंधी-सीधी लेटी हैं, जिनकी हड्डियाँ जगह-जगह उभरी हुई हैं। उसने फ़ैसला किया कि इस फ़र्श को पार करके, नुक्कड़ वाले मकान की सीढ़ियों तक पहुँच जाय और कोठे पर चढ़ जाय। पर म्यूनिसिपल कमेटी की लालटेन लगातार टकटकी बाँधे, उसकी तरफ़ घूर रही थी। उसके बढ़ने वाले क़दम रुक गये और वह भन्ना-सा गया—'यह लालटेन मुझे क्यों घूर-घूर कर देख रही है।... यह मेरे रास्ते में क्यों रोड़े अटकाती है?'

वह जानता था कि यह महज़ वहम है और असलियत से इसका कोई ताल्लुक नहीं। लेकिन फिर भी उसके क़दम रुक जाते थे और वह अपने दिल में तमाम भयानक इरादे लिये, मोरी के उस पार खड़ा रह जाता था। वह समझता था कि उसकी ज़िन्दगी के सत्ताइस बरसों की झिझक, जो उसे विरासत में मिली थी, उस लालटेन में जमा हो गयी है। यह झिझक, जिसको पुरानी केंचुली की तरह वह अपने घर छोड़ आया था, उससे पहले वहाँ पहुँच चुकी थी, जहाँ उसे अपनी ज़िन्दगी का सबसे भद्दा खेल खेलना था। ऐसा खेल, जो उसे कीचड़ में लथपथ कर दे, उसकी आत्मा पर कालिख पोत दे।

एक मैली-कुचैली औरत उस मकान में रहती थी। उसके पास चार-पाँच जवान औरतें थीं, जो रात के अँधेरे और दिन के उजाले में, यकसाँ भद्देपन से पेशा कराती थीं। ये औरतें गन्दी मोरी से ग़लाज़त निकालने वाले पम्प की तरह दिन-रात चलती रहती थीं। जावेद को इस चकले के बारे में उसके एक दोस्त ने बताया था, जो हुस्नो-इश्क़ की लाश कई बार इस कब्रिस्तान में दफ़्न कर चुका था। जावेद से वह कहा करता था, 'तुम 'औरत-औरत' पुकारते हो... औरत है कहाँ?... मुझे तो अपनी ज़िन्दगी में सिर्फ़ एक औरत नज़र आयी, जो मेरी माँ थी।... पर्दे वालियाँ अलबत्ता देखी हैं और उनके बारे में सुना भी है। लेकिन जब कभी औरत की ज़रूरत महसूस हुई है तो मैंने माई जीवाँ के कोठ को अपना बेहतरीन साथी पाया है। ख़ुदा की क़सम, माई जीवाँ औरत नहीं, फ़रिश्ता है... ख़ुदा उसे क़यामत तक

ज़िन्दा रखे।'

जावेद, माई जीवाँ और उसके यहाँ की चार-पाँच पेशा कराने वाली औरतों के बारे में बहुत कुछ सुन चुका था। उसको मालूम था कि उनमें से एक, हर वक़्त गहरे रंग के शीशों वाला चश्मा पहने रहती है, इसलिए कि किसी बीमारी की वजह से उसकी आँखें ख़राब हो चुकी हैं। एक काली-कलूटी लौण्डिया है, जो हर वक़्त हँसती रहती है। उसके बारे में जावेद जब सोचता तो अजीबो-ग़रीब तस्वीर उसकी आँखों के सामने खिंच जाती।—'मुझे ऐसी ही औरत चाहिए, जो हर वक़्त हँसती रहे... ऐसी औरतों को हँसते ही रहना चाहिए।... जब वह हँसती होगी तो उसके काले-काले होंठ यों खुलते होंगे, जैसे बदबूदार गन्दे पानी में मैले-मैले बुलबुले बन कर फटते हैं।'

माई जीवाँ के पास एक और छोकरी भी थी, जो बाक़ायदा तौर पर पेशा कराने के पहले, गलियों और बाज़ारों में भीख माँगा करती थी। अब एक बरस से वह उस मकान में थी, जहाँ बारह बरसों से यही काम हो रहा था। वह अब पाउडर और सुर्खी लगाती थी। जावेद उसके बारे में भी सोचता—'उसके सुर्खी लगे गाल बिलकुल दाग़दार सेबों की तरह होंगे... जो हरकोई ख़रीद सकता है।'

उन चार-पाँच औरतों में से जावेद की नज़र किसी ख़ास पर नहीं थी—'मुझे कोई भी मिल जाय।... मैं चाहता हूँ कि मुझसे दाम लिये जायें और खट से एक औरत मेरी बग़ल में थमा दी जाय।... एक सेकेण्ड की देर न होनी चाहिए। किसी क़िस्म की बात न हो। कोई नर्म-नाज़ुक बात मुँह से निकलने न पाये।... क़दमों की चाप सुनाई दे, दरवाज़ा खुलने की खड़खड़ाहट पैदा हो... रुपये खनखनायें और आवाज़ें भी आयें, पर मुँह बन्द रहे। अगर आवाज़ निकले तो ऐसी, जो इंसानी आवाज़ मालूम न हो। मुलाकात हो, बिलकुल हैवानों की तरह। सभ्यता के सन्दूक़ में ताला लग जाय। थोड़ी देर के लिए एक ऐसी दुनिया आबाद हो जाय, जिसमें सूँघने, देखने और सुनने के नाज़ुक एहसास, ज़ंग-लगे उस्तरे की तरह गोलि हो जायें।'

जावेद बेचैन हो गया। एक उलझन-सी उसके दिमाग़ में पैदा हो गयी। इरादा उसके अन्दर इतनी शिद्दत पकड़ चुका था कि पहाड़ भी उसके रास्ते में होते तो वह उनसे भिड़ जाता। पर म्यूनिसिपल कमेटी की एक अन्धी लालटेन, जिसको हवा का एक झोंका बुझा सकता था, उसके रास्ते में बहुत बुरी तरह बाधक हो गयी थी।

उसकी बग़ल में पान वाले की दुकान खुली थी। तेज़ रोशनी में उसकी छोटी-सी दुकान का सामान इतना नुमायाँ हो रहा था कि बहुत-सी चीज़ें नज़र नहीं आती थीं। बिजली के कुमकुमे के इर्द-गिर्द मक्खियाँ इस अन्दाज़ से उड़ रही थीं, जैसे उनके पर बोझिल हो रहे हैं। जावेद ने जब उनकी तरफ़ देखा तो उसकी

उलझन बढ़ गयी। वह नहीं चाहता था कि उसे कोई सुस्त रफ़्तार चीज़ नज़र आये। कर-गुज़रने का इरादा, जो वह अपने घर से ले कर यहाँ आया था, उन मक्खियों के साथ बार-बार टकराया और वह उसके एहसास से इस क़दर परेशान हुआ कि एक हुल्लड़-सा उसके दिमाग़ में मच गया। 'मैं डरता हूँ... मैं ख़ौफ़ खाता हूँ... इस लालटेन से मुझे डर लगता है... मेरे तमाम इरादे इसने तबाह कर दिये हैं।... मैं डरपोक हूँ...मैं डरपोक हूँ... लानत हो मुझ पर।'

उसने कई लानतें अपने आप पर भेजीं, पर जैसा चाहिए, वैसा असर न पैदा हुआ। उसके क़दम आगे न बढ़ सके। नानकशाही ईंटों का ऊबड़-ख़ाबड़ फ़र्श उसके सामने लेटा रहा।

गर्मियों के दिन थे। आधी रात गुज़रने पर भी हवा ठण्डी न हुई थी। बाज़ार में आमद-रफ़्त बहुत कम थी। गिनती की सिर्फ़ चन्द दुकानें खुली थीं। फ़िज़ा ख़ामोशी में लिपटी हुई थी। हाँ, कभी-कभी किसी कोठे से हवा के गर्म झोंके के साथ थके हुए संगीत का एक टुकड़ा उड़-उड़ा कर उधर चला आता था और गाढ़ी ख़ामोशी में घुल जाता था।

जावेद के सामने, यानी माई जीवाँ के चकले से इधर हट कर, बड़े बाज़ार में, जो दुकानों के ऊपर कोठों की एक क़तार थी, उसमें कई जगह ज़िन्दगी के आसार नज़र आ रहे थे। उसके बिलकुल सामने, खिड़की में, तेज़ रोशनी के बल्ब के नीचे, एक काली भुजंग औरत, बैठी पंखा झल रही थी। उसके सिर के ऊपर बिजली का बल्ब जल रहा था और ऐसा दिखायी देता था कि सफ़ेद आग का एक गोला है, जो पिघल-पिघल कर उस वेश्या पर गिर रहा है।

जावेद उस काली भुजंग औरत के बारे में कुछ ग़ौर करने ही वाला था कि बाज़ार के उस सिरे से, जो उसकी आँखों से ओझल था, बड़े भद्दे नारों के रूप में कुछ आवाज़ें उठीं। थोड़ी देर के बाद तीन आदमी, झूमते-झामते, शराब के नशे में चूर, नमूदार हुए। तीनों-के-तीनों उस काली, भुजंग औरत के कोठे के नीचे पहुँच कर खड़े हो गये और जावेद के कानों ने ऐसी-ऐसी वाहियात बातें सुनीं कि उसके तमाम इरादे उसके अन्दर सिमट कर रह गये।

एक शराबी ने, जिसके क़दम बहुत अधिक लड़खड़ा रहे थे, अपने मूँछों-भरे होंठो से, बड़ी भद्दी आवाज़ के साथ, एक चुम्बन नोच कर उस काली वेश्या की तरफ़ उछाला और एक ऐसा फ़िकरा कसा कि जावेद की सारी हिम्मत पस्त हो गयी। कोठे पर बिजली के बल्ब की रोशनी में उस काली, भुजंग औरत के होंठ एक आबनूसी ठहाके में खुले और उसने शराबी के फ़िकरे का जवाब यूँ दिया, जैसे टोकरी भर कूड़ा नीचे फेंक दिया हो। नीचे, अस्त-व्यस्त ठहाकों का फ़व्वारा-सा छूट पड़ा और जावेद के देखते-देखते, वे तीनों शराबी कोठ पर चढ़े। थोड़ी देर के बाद वह जगह, जहाँ वह काली वेश्या बैठी थी, ख़ाली हो गयी।

जावेद अपने आप से और भी नफ़रत करने लगा—'तुम... तुम... तुम क्या हो? मैं पूछता हूँ, आख़िर तुम क्या हो?... न तुम यह हो, न तुम वह हो... न तुम इंसान हो, न तुम हैवान... तुम्हारी समझ-बूझ, तुम्हारी अक्ल और सोच, आज सब धरी-की-धरी रह गयी। तीन शराबी आते हैं। तुम्हारी तरह उनके दिल में इरादा नहीं होता, लेकिन बेधड़क उस वेश्या से वाहियात बातें करते हैं और हँसते, ठहाके लगाते, कोठ पर चढ़ जाते हैं, जैसे पतंग उड़ाने जा रहे हों... और तुम... और तुम, जो कि अच्छी तरह समझते हो कि तुम्हें क्या करना है, यों बेवकूफ़ों की तरह बीच-बाज़ार में खड़े हो और एक बेजान लालटेन से ख़ौफ़ खा रहे हो।... तुम्हारा इरादा इतना साफ़ और खुला है, लेकिन फिर भी तुम्हारे क़दम आगे नहीं बढ़ते... लानत हो तुम पर।'

पल भर के लिए जावेद के अन्दर, अपने से बदला लेने का ज़ज्बा पौदा हुआ। उसके क़दमों में जुम्बिश हुई और मोरी फाँद कर, वह माई जीवाँ के कोठे की तरफ़ बढ़ा। वह लपक कर सीढ़ियों के पास पहुँचने ही वाला था कि ऊपर से एक आदमी उतरा। जावेद पीछे हट गया। अनायास उसने अपने आपको छिपाने की कोशिश भी की, लेकिन कोठे पर से नीचे आने वाले आदमी ने उसकी तरफ़ कोई ध्यान न दिया।

उस आदमी ने अपना मलमल का कुर्ता उतार कर, कन्धे पर रख लिया था। उसकी दाहिनी कलाई में मोतिये के फूलों का मसला हुआ हार लिपटा था। उसका बदन पसीने से शराबोर हो रहा था। जावेद के वजूद से बेख़बर, वह अपने तहमद को दोनों हाथों से घुटनों तक ऊँचा किये, नानकशाही ईंटों का ऊँचा-नीचा फ़र्श पार करके, मोरी के उस पार चला गया और जावेद ने सोचना शुरू किया कि उस आदमी ने उसकी तरफ़ क्यों नहीं देखा।

इस बीच उसने लालटेन की तरफ़ देखा तो वह उसे यह कहती जान पड़ी—'तुम कभी अपने मक़सद में सफल नहीं हो सकते, इसलिए कि तुम डरपोक हो। याद है तुम्हें, पिछले साल बरसात में, जब तुम ने उस हिन्दू लड़की इन्दिरा से अपनी मुहब्बत ज़ाहिर करनी चाही थी तो तुम्हारे शरीर में सकत तक नहीं रही थी। कैसे-कैसे भयानक ख़याल तुम्हारे मन में पैदा हुए थे।... याद है, तुमने हिन्दू-मुस्लिम दंगे के बारे में भी सोचा था और डर गये थे। उस लड़की को तुमने इसी डर के मारे भुला दिया और हमीदा से तुम इसलिए मुहब्बत न कर सके कि वह तुम्हारी रिश्तेदार थी और तुम्हें इस बात का डर था कि तुम्हारी मुहब्बत को ग़लत नज़रों से देखा जायेगा। कैसे-कैसे वहम तुम्हारे ऊपर उन दिनों छाये थे।... और फिर तुमने बिलकीस से मुहब्बत करनी चाही, पर उसको सिर्फ़ एक बार देख कर, तुम्हारे सब इरादे ग़ायब हो गये और तुम्हारा दिल वैसा-का-वैसा बंजर रहा। ... क्या तुम्हें इस बात का एहसास नहीं कि हर बार तुमने अपनी बेलौस मुहब्बत

को ख़ुद ही शक की नज़रों से देखा है। तुम्हें इस बात का कभी पूरी तरह यक़ीन नहीं आया कि तुम्हारी मुहब्बत ठीक है।... तुम हमेशा डरते हो। इस वक़्त भी तुम डर रहे हो। यहाँ घरेलू औरतों और लड़कियों का सवाल नहीं। हिन्दू-मुस्लिम दंगे का भी इस जगह कोई डर नहीं, लेकिन इसके बावजूद तुम कभी उस कोठे पर नहीं जा सकोगे।... मैं देखूँगी, तुम किस तरह ऊपर जाते हो।'

जावेद की रही-सही हिम्मत भी पस्त हो गयी। उसने महसूस किया कि वह सचमुच परले दर्जे का डरपोक है।... बीती हुई घटनाएँ, तेज़ हवा में रखी हुई किताब के पन्नों की तरह, उसके दिमाग़ में देर तक फड़फड़ाती रहीं और पहली बार उसको इस बात का एहसास बड़ी तेज़ी के साथ हुआ कि उसके वजूद की बुनियादों में एक ऐसी झिझक बैठी हुई है, जिसने उसे दयनीयता की हद तक डरपोक बना दिया है।

सामने सीढ़ियों से किसी के उतरने की आवाज़ आयी तो जावेद अपने विचारों से चौंक पड़ा। वही, जो गहरे रंग के शीशों वाली ऐनक पहनती थी और जिसके बारे में वह कई बार अपने दोस्त से सुन चुका था, सीढ़ियों के नीचे के चबूतरे पर खड़ी थी। जावेद घबरा गया। क़रीब था कि वह आगे सरक जाये कि उसने बड़े भद्दे ढंग से उसे आवाज़ दी, 'अजी ठहर जाओ... मेरी जान, घबराओ नहीं... आओ... आओ।' इसके बाद उसने पुचकारते हुए कहा–'चले आओ... आ आओ!' यह सुन कर जावेद को ऐसा महसूस हुआ कि अगर वह कुछ देर वहाँ ठहरा तो उसकी पीठ में दुम उग जायेगी, जो उस औरत के पुचकारने पर हिलना शुरू कर देगी। इस एहसास के साथ उसने चबूतरे की तरफ़ घबरायी हुई नज़रों से देखा। माई जीवाँ के चकले की उस ऐनक-चढ़ी लौण्डिया ने कुछ इस तरह अपने शरीर को हरकत दी कि जावेद के तमाम इरादे, पके हुए बेरों की तरह झड़ गये। उसने फिर पुचकारा–'आओ... मेरी जान, अब आ भी जाओ।'

जावेद एकदम भागा। मोरी फाँद कर जब वह बाज़ार में पहुँचा तो उसने एक ऐसे ठहाके की आवाज़ सुनी, जो ख़तरनाक तौर पर भयानक था। वह काँप उठा।

जब वह अपने घर पहुँचा तो उसके ख़यालों के हुजूम में से सहसा एक ख़याल रेंग कर आगे बढ़ा, जिसने उसको तसल्ली दी–'जावेद, तुम एक बहुत बड़े गुनाह से बच गये। ख़ुदा का शुक्र बजा लाओ।'

ख़ुदा की क़सम

उधर से मुसलमान और इधर से हिन्दू अभी तक आ-जा रहे थे; कैंपों के कैंप भरे पड़े थे, जिनमें ज़र्बुलमसल[1] के तिल धरने के लिए वाक़ई कोई जगह नहीं थी। लेकिन इसके बावजूद वह उनमें ठूँसे जा रहे थे—गल्ला नाकाफ़ी है, हिफ़्ज़ाने-सेहत[2] का कोई इन्तिज़ाम नहीं, बीमारियाँ फैल रही हैं, इसका होश किसको था; इस इफ़्रातो-तफ़्रित[3] का आलम था।

सन् अड़तालीस का आग़ाज़[4] था और ग़ालिबन मार्च का महीना—इधर और उधर, दोनों तरफ़, रज़ाकारों के ज़रिए से मुग़विया[5] औरतों और बच्चों की बरामदगी का मुस्तहसन[6] काम शुरू हो चुका था। सैकड़ों मर्द, औरतें, लड़के और लड़कियाँ इस कारे-ख़ैर[7] में हिस्सा ले रही थीं—मैं जब उनको सरगर्मे-अमल[8] देखता तो मुझे बड़ी ताज्जुबख़ेज़ मसर्रत[9] हासिल होती, इसलिए कि ख़ुद इंसान, इंसानी बुराइयों के आसार मिटाने की कोशिश में मसरूफ़[10] था; जो इस्मतें लुट चुकी थीं, उनको मज़ीद[11] लूट-खसोट से बचाना चाहता था—किसलिए...? इसलिए कि उसका दामन मज़ीद धब्बों और दाग़ों से आलूदा[12] न हो, इसलिए कि वह जल्दी-जल्दी अपनी ख़ून से लुथड़ी हुई उँगलियाँ चाट ले, इसलिए कि वह इंसानियत का सुई-धागा ले कर इस्मतों के चाक दामन रफ़ू कर दे—कुछ समझ में नहीं आता था, लेकिन उन रज़ाकारों की जद्दो-जहद फिर भी क़ाबिले-क़द्र मालूम होती थी।

उनको सैकड़ों दुश्वारियों का सामना करना पड़ता था; हज़ारों बखेड़े थे जो उन्हें उठाने पड़ते थे, क्योंकि जिन्होंने औरतें और लड़कियाँ उठाई थीं, सीमाब पा[13] थे; आज इधर, कल उधर; अभी इस महल्ले में, अभी उस महल्ले में; और फिर आसपास के आदमी भी उनकी मदद नहीं करते थे।

अजीब-अजीब दास्तानें भी सुनने में आती थीं।

एक लियाज़ाँ अफ़सर ने मुझे बताया कि सहारनपुर में दो लड़कियों ने पाकिस्तान में अपने वालिदैन[14] के पास जाने से इनकार कर दिया; दूसरे ने बताया कि जब जालंधर में ज़बर्दस्ती एक लड़की को निकाला गया तो क़ाबिज़[15] के सारे ख़ानदान ने उसे यूँ अलविदा कही जैसे वह उनकी बहू हो और किसी दूर-दराज़ सफ़र पर जा रही हो; कई लड़कियों ने वालिदैन के ख़ौफ़ से रस्ते में ही ख़ुदकुशी

कर ली; बाज़ सद्मों की ताब न ला करपागल हो चुकी थीं; कुछ ऐसी भी थीं जिनको शराब की लत पड़ चुकी थी, उनको प्यास लगती तो पानी की बजाय शराब माँगती और नंगी-नंगी गालियाँ बकतीं।

मैं उन बरामद की हुई लड़कियों और औरतों के मुताल्लिक़ सोचता तो मेरे ज़ेहन में सिर्फ़ फूले हुए पेट उभरते—इन पेटों का क्या होगा; इनमें जो कुछ भरा है, उसका मालिक कौन है, पाकिस्तान या हिन्दुस्तान?

और वह नौ महीने की बारबरदारी[16], इसकी उजरत[17] पाकिस्तान अदा करेगा या हिन्दुस्तान; क्या यह सब ज़ालिम फ़ितरत के बहीखाते में दर्ज होगा; क्या बहीखाते का कोई सफ़हा ख़ाली रह गया है?

बरआमदा औरतें आ रही थीं—बरआमदा औरतें जा रही थीं।

मैं सोचता था कि यह औरतें 'मुग़विया' क्यों कहलाई जाती हैं—इन्हें अग़वा कब किया गया है।

अग़वा तो एक बड़ा रोमांटिक फ़े'ल है, जिसमें मर्द और औरत, दोनों शरीक होते हैं; अग़वा तो एक ऐसी खायी है जिसको फाँदने से पहले दोनों रूहों के सारे तार झनझना उठते हैं; लेकिन यह कैसा अग़वा है कि एक निहत्थी को पकड़कर कोठड़ी में क़ैद कर लिया—वह ज़माना ऐसा था कि मनतिक़[18], इस्तिदलाल[19] और फ़लसफ़ा बेकार चीज़ें थीं। उन दिनों जिस तरह लोग गर्मियों में भी दरवाज़े और खिड़कियाँ बन्द करके सोते थे, उसकी तरह मैंने भी अपने दिलो-दिमाग़ की सब खिड़कियाँ और दरवाज़े बन्द कर दिये थे, हालाँकि उन्हें खुला रखने की ज़्यादा ज़रूरत उसी वक़्त थी। लेकिन मैं क्या करता, मुझे कुछ सूझता ही नहीं था।

बरआमदा औरतें आ रही थीं—बरआमदा औरतें जा रही थीं।

यह दरआमद और बरआमद जारी थी, तमाम ताजिराना[20] खुसूसियात के साथ!

सहाफ़ी[21], अफ़सानानिगार और शाइर अपने क़लम उठाए शिकार में मसरूफ़ थे। ख़बरों, अफ़सानों और नज़्मों का एक सैलाब था कि उमड़ा चला आ रहा था—क़लमों के क़दम उखड़-उखड़ जाते—इतने सैद[22] थे कि सब बौखला गये थे।

एक लायज़ाँ[23] अफ़सर मुझसे मिला और कहने लगा : "तुम क्यों गुमसुम रहते हो?"

मैंने कोई जवाब न दिया।

उसने मुझे एक दास्तान सुनाई : "मुग़विया औरतों की तलाश में हम मारे-मारे फिरते हैं; एक शहर से दूसरे शहर; एक गाँव से दूसरे गाँव, फिर तीसरे गाँव, फिर चौथे; गली-गली, महल्ले-महल्ले, कूचे-कूचे—बड़ी मुश्किलों से गौहरे-मक़सूद[24] हाथ आता है।"

तुम्हें मालूम नहीं, हमें कितनी दिक़्क़तों का सामना करना पड़ता है...ख़ैर, मैं

तुम्हें एक बात बतानेवाला था।

हम बॉर्डर के उस पार सैकड़ों फेरे कर चुके हैं। अजीब बात है कि मैंने हर फेरे में एक बुढ़िया को देखा, एक मुसलमान बुढ़िया को...अधेड़ उम्र की मुसलमान बुढ़िया...

पहली मर्तबा मैंने उसे जालंधर की बस्तियों में देखा। परेशान हाल, माऊफ़[25] दिमाग़, वीरान-वीरान आँखें, गर्द से अटे हुए बाल, फटे हुए कपड़े; उसे तन का होश था न मन का; लेकिन उसकी निगाहों से साफ़ ज़ाहिर था कि किसी को ढूँढ़ रही है।

मुझे 'स' बहन ने बताया कि यह औरत सद्मे के बायस पागल हो गयी है ...पटियाला की रहनेवाली है...अपनी इकलौती लड़की से बिछुड़ गयी है...हमने बड़े जतन किये हैं इसकी लड़की को ढूँढ़ने के लिए, मगर नाकाम रहे हैं...ग़ालिबन बलवों में मारी गयी है, मगर बुढ़िया नहीं मानती।

दूसरी मर्तबा मैंने उस पगली बुढ़िया को सहारनपुर के लारियों के अड्डे पर देखा—उसकी हालत पहले से कहीं ज़्यादा अब्तर[26] और ख़स्ता थी; उसके होंटों पर पपड़ियाँ जमी थीं, बाल साधुओं के-से हो गये थे।

मैंने उससे बात करने की कोशिश की और चाहा कि वह अपनी मौहूम[27] तलाश छोड़ दे—मैंने इस ग़रज़ से बहुत संगदिल बनकर उससे कहा : माई, तेरी लड़की क़त्ल कर दी गयी थी...।

पगली ने मेरी तरफ़ देखा : क़त्ल...? नहीं...उसके लहज़े में फौलादी तयक़्क़ुन[28] पैदा हो गया : उसे कोई क़त्ल नहीं कर सकता...मेरी बेटी को कोई क़त्ल नहीं कर सकता...

और वह चली गयी, अपनी मोहूम तलाश में।

मैंने सोचा : 'एक मुसलसल[29] और मोहूम तलाश...!'

लेकिन पगली को क्यों इतना यक़ीन था कि उसकी बेटी पर कोई किरपान नहीं उठ सकती, कोई तेज़ धार या कुन्द छुरा उसकी गर्दन की तरफ़ नहीं बढ़ सकता—ममता नक़ाबिले-बयान यक़ीन होती है—तो क्या वह अपनी ममता ढूँढ़ रही थी?

तीसरे फेरे पर मैंने उसे फिर देखा—अब वह बिलकुल चिथड़ों में थी, क़रीब-क़रीब नंगी।

मैंने उसे कपड़े दिये मगर उसने क़ुबूल न किये—मैंने उससे कहा : माई, मैं सच कहता हूँ, तेरी लड़की पटियाले ही में क़त्ल कर दी गयी थी।

उसने फिर उसी फ़ौलादी तयक़्क़ुन के साथ कहा : तू झूठ कहता है।

मैंने अपनी बात मनवाने की ख़ातिर कहा : नहीं, मैं सच कहता हूँ...काफ़ी ख़ाक छान ली तुमने...काफ़ी रो-पीट लिया तुमने...चलो मेरे साथ, मैं तुम्हें पाकिस्तान

ले चलूँगा।

उसने जैसे मेरी बात न सुनी हो और बड़बड़ाने लगी, बड़बड़ाते हुए वह एकदम चौंकी; अब उसके लहजे में फ़ौलाद से भी ठोस तयक़्क़ुन था : नहीं, मेरी बेटी को कोई क़त्ल नहीं कर सकता...!

मैंने पूछा : क्यों क़त्ल नहीं कर सकता?

बुढ़िया ने हौले-हौले कहा : वह ख़ूबसूरत है...इतनी ख़ूबसूरत है कि उसे कोई क़त्ल नहीं कर सकता...उसे कोई तमाचा तक नहीं मार सकता...!

मैं सोचने लगा : 'क्या वाक़ई वह इतनी ख़ूबसूरत थी कि...हर माँ की आँखों में उसकी औलाद चन्दे-आफ़ताब, चन्दे-माहताब होती है...लेकिन हो सकता है, वह लड़की दरहक़ीक़त ख़ूबसूरत हो...मगर इस तूफ़ान में कौन-सी ख़ूबसूरती है जो इंसान के खुरदुरे हाथों से बची है...पर फ़रार के लाखों रस्ते हैं...दुख एक ऐसा चौक है जो अपने इर्द-गिर्द लाखों बल्कि करोड़ों सड़कों का जाल बुन देता है...'

बॉर्डर के उस पार कई फेरे हुए और हर बार मैंने उस पगली को देखा—अब वह हड्डियों का ढाँचा रह गयी थी; बीनाई कमज़ोर हो चुकी थी; टटोलकर चलती थी; उसकी तलाश जारी थी, बड़ी शद्दोमद[30] से। उसका यक़ीन उसी तरह मुस्तहकम[31] था कि उसकी बेटी ज़िन्दा है, इसलिए कि उसे कोई मार नहीं सकता।

'स' बहन ने मुझसे कहा कि इस औरत से मग़ज़मारी फ़ुज़ूल है...इसका दिमाग़ चल चुका है...बेहतर यही है कि तुम इसे पाकिस्तान ले जाओ और पागलख़ाने में दाख़िल करा दो...

मैंने मुनासिब न समझा—मैं उसकी मौहूम तलाश, जो उसकी ज़िन्दगी का वाहिद सहारा थी, उससे छीनना नहीं चाहता था; मैं उसे एक वसी-ओ-अरीज़[32] पागलख़ाने से, जिसमें वह मीलों की मसाफ़त[33] तय करके अपने पाँव के आबलों[34] की प्यास बुझा सकती थी, उठाकर एक मुख़्तर-सी चारदीवारी में क़ैद कराना नहीं चाहता था।

आख़िरी बार मैंने उसे अमृतसर में देखा—उसकी शिकस्ताहाली का यह आलम था कि मेरी आँखों में आँसू आ गये और मैंने फ़ैसला कर लिया कि उसे पाकिस्तान ले जाऊँगा और पागलख़ाने में दाख़िल करा दूँगा।

वह फ़रीद के चौक में खड़ी अपनी नीम अंधी आँखों से इधर-उधर देख रही थी।

मैं 'स' बहन के साथ एक दूकान पर बैठा एक मुग़विया लड़की के मुताल्लिक़ बातचीत कर रहा था, जिसके मुताल्लिक़ हमें यह इत्तिला मिली थी कि वह बाज़ार सबूनियाँ में एक हिन्दू बनिये के घर मौजूद है—यह गुफ़्तुगू ख़त्म हुई तो मैं उठा कि उस पगली से झूठ-सच कहकर उसे पाकिस्तान जाने के लिए आमादा करूँ कि एक जोड़ा उधर से गुज़रा।

औरत ने घूँघट काढ़ा हुआ था, छोटा-सा घूँघट। उसके साथ एक सिख नौजवान था, बड़ा छहलछबीला, बड़ा तन्दुरुस्त, तीखे-तीखे नक़्शोंवाला।

जब वह दोनों उस पगली के पास से गुज़रे तो नौजवान एकदम ठिठक गया। उसने दो हाथ पीछे हटकर औरत का हाथ पकड़ा, कुछ इस अचानक तौर पर कि औरत ने अपना छोटा-सा घूँघट उठाया—लट्ठे की धुली हुई सफ़ेद चादर के चौखटे में मुझे एक लड़की का ऐसा गुलाबी चेहरा नज़र आया जिसका हुस्न बयान करने से मेरी ज़बान आजिज़[35] है।

मैं उनके बिलकुल पास था।

सिख नौजवान ने उस हुस्नो-जमाल की देवी से उस पगली की तरफ़ इशारा करते हुए सरगोशी में कहा : "तुम्हारी माँ...!"

गुलाबी चेहरेवाली लड़की ने एक लहज़े के लिए पगली की तरफ़ देखा और घूँघट छोड़ दिया और फिर सिख नौजवान का बाजू पकड़कर भिंचे हुए लहजे में कहा : "चलो...!"

और वह दोनों सड़क से ज़रा उधर हटकर तेज़ी से आगे निकल गये।

पगली चिल्लाई : "भाग भरी...भाग भरी!"

वह सख़्त मुज़्तरिब[36] थी।

मैंने पास जा कर पूछा : "क्या बात है माई?"

वह काँप रही थी : "मैंने उसको देखा है...मैंने उसको देखा है...!"

मैंने पूछा : "किसे?"

उसके माथे के नीचे दो गढ़ों में उसकी आँखों के बेनूर ढेले मुतहर्रिक[37] थे : "अपनी बेटी को...अपनी भाग भरी को...!"

मैंने कहा : "वह मर-खप चुकी है माई!"

उसने चीख़कर कहा : "तुम झूठ कहते हो!"

इस मर्तबा मैंने उसको पूरा यक़ीन दिलाने की ख़ातिर कहा : "मैं ख़ुदा की क़सम खा कर कहता हूँ, वह मर चुकी है...!"

यह सुनते ही पगली चौक में ढेर हो गयी।

□□

---

1. कहावत, लोकोक्ति; 2. स्वास्थ्य-रक्षा; 3. न्यूनाधिक; 4. अपहृत; 5. आरम्भ; 6. पुनीत; 7. नेक काम; 8. जोशो-खरोश से काम में लगे हुए; 9. प्रसन्नता; 10. व्यस्त; 11. ज़्यादा; 12. भरी हुई; 13. पारे की तरह एक जगह न ठहरनेवाले; 14. माँ-बाप; 15. क़ब्ज़ा किये हुए; 16. बोझ उठाना; 17. मज़दूरी; 18. तर्क; 19. दलील; 20. व्यापारिक; 21. पत्रकार; 22. शिकार; 23. सम्पर्क; 24. उद्देश्य रूपी मोती; 25. विकृत; 26. दुर्दशाग्रस्त; 27. भ्रममूलक; 28. यक़ीन; 29. निरन्तर; 30. ज़ोर-शोर; 31. पक्का; 32. लम्बा-चौड़ा; 33. फ़ासला; 34. छाले; 35. मज़बूर; 36. बेचैन; 37. चलायमान।